本书受2017年江苏省社科基金项目（项目编号17GLD015）、2020年江苏省高等职业院校专业带头人高端研修项目（个人访学研究，项目编号2020GRFX065）资助。

当代消费者行为模式及影响因素分析

蔡爱丽　著

北京工业大学出版社

图书在版编目（CIP）数据

当代消费者行为模式及影响因素分析 / 蔡爱丽著.
— 北京 ：北京工业大学出版社，2021.9
　ISBN 978-7-5639-8149-6

　Ⅰ．①当… Ⅱ．①蔡… Ⅲ．①消费者行为论—研究
Ⅳ．① F036.3

中国版本图书馆 CIP 数据核字（2021）第 204082 号

当代消费者行为模式及影响因素分析

DANGDAI XIAOFEIZHE XINGWEI MOSHI JI YINGXIANG YINSU FENXI

著　　者：蔡爱丽

责任编辑：张　贤

封面设计：知更壹点

出版发行：北京工业大学出版社

　　　　　　（北京市朝阳区平乐园 100 号　邮编：100124）

　　　　　　010-67391722（传真）　　bgdcbs@sina.com

经销单位：全国各地新华书店

承印单位：北京亚吉飞数码科技有限公司

开　　本：710 毫米 ×1000 毫米　1/16

印　　张：10.75

字　　数：215 千字

版　　次：2022 年 7 月第 1 版

印　　次：2022 年 7 月第 1 次印刷

标准书号：ISBN 978-7-5639-8149-6

定　　价：60.00 元

版权所有　翻印必究

（如发现印装质量问题，请寄本社发行部调换 010-67391106）

作者简介

蔡爱丽，女，南京航空航天大学经济管理学院博士研究生，现为南京信息职业技术学院数字商务学院副教授，主要研究方向：能源经济系统管理与政策。近年来主要讲授网络消费者行为分析、管理学、商贸专业英语等课程；主持过江苏省社科基金、江苏省教育教学改革和江苏省高校哲社等课题多项，参与省级、市厅级课题多项；主编教材一部，参编教材多部；在《中国职业技术教育》《职教论坛》《职业与教育》等核心期刊发表论文多篇。

前　言

消费者行为是影响商品经济的重要因素。近年来，随着社会的发展，消费者需求日趋多样化、社会化、个性化以及复杂化。在销售的过程中，如果商家能够预测并且准确地掌握消费者的心理需求，就能够顺利地促成交易，将商品销售出去。当前，我国的购物和消费模式面临着改革与创新，如何更好地明确消费者的购物心理和购物行为，建立不断升级的销售理论体系，如何更好地创新消费模式，已经成为一个焦点问题。本书通过分析消费者的行为心理、购买心理，探索有效、新颖、个性化的营销策略，以促进消费，推动社会经济的发展，并通过对消费者行为模式和影响因素的分析，根据已有知识，提出了针对消费者消费心理应采取的有效策略，从而进一步满足消费者的需求，以期为社会经济建设做出贡献。

全书共五章。第一章为消费者行为概述，分别介绍了消费者行为的内涵、消费者行为模式、消费者行为的特征、研究消费者行为的重要意义以及消费者行为的相关理论五个方面的内容；第二章为消费者行为的影响因素，主要介绍了四个方面的内容，依次是文化因素、社会因素、个人因素和心理因素；第三章为电子商务环境下的消费者行为，依次介绍了电子商务的概念及内涵、电子商务对消费者行为的影响两个方面的内容；第四章为新时期的网络消费者行为模式，依次介绍了三个方面的内容，分别是网络经济与网络消费者、传统商品展示与网络商品展示的差异和影响消费者网络购买的因素；第五章为营销因素与消费者行为，主要介绍了四个方面的内容，分别是4P营销策略与4C营销策略、产品策略与消费者行为、网络营销与消费者行为和广告媒体与消费行为。

在撰写本书的过程中，笔者得到了许多专家学者的帮助和指导，参考了大量的学术文献，在此表示真诚的感谢。限于笔者水平，书中难免会有不足，希望广大同行及时指正。

目　　录

第一章　消费者行为概述

本章的主要内容是消费者行为概述，我们主要通过消费者行为的概念、消费者行为模式分析、消费者行为的特征、研究消费者行为的重要意义以及消费者行为的相关理论五个方面进行探讨。

第一节　消费者行为的内涵

一、消费者行为具有多样性和复杂性

消费者行为的多样性主要表现在两个方面：首先，同一消费者在不同时期、不同情境、不同产品的选择上，其行为有很大的差异；其次，不同消费者有不同的需求和偏好，购买动机和购买行为也有所差别，不同消费者由于年龄、性别、民族传统、宗教信仰、生活方式、文化水平、经济条件、个性特征和所处地域的社会环境等主客观条件千差万别，由此形成的消费行为也复杂多样。以早餐为例，豆浆油条、馒头煎饼、米面粥等传统中式早餐是中国消费者的首要选择；燕麦、麦片、面包、吐司广受西方消费者欢迎。年轻消费者喜欢简单方便，经常在早餐车和饭馆买早餐，而中老年人则注重营养和健康，更习惯在家用早餐。

消费者行为的复杂性，一方面，可以通过消费者行为的多样性、多变性反映出来，如买洗发水和买汽车的购买决策复杂性表现有很大差异；另一方面，也体现在消费者行为受很多因素的影响，这些因素不仅包括消费者自身的个体与心理因素（如消费者动机），还包括影响消费者行为的外部因素（如文化、家庭、社会阶层、参照群体和营销刺激等），这些外部因素对消费者的影响有的是直接的，有的是间接的，也有的是单独的，还有的则是交叉或相互的。正是这些影响因素的多样性和复杂性决定了消费者行为的多样性。

1

二、消费决策时多人参与性

不管是简单的消费行为还是复杂的消费行为，在整个消费决策过程中参与或影响决策的往往有许多人。例如，在商场购买日化类的小商品时，品牌导购的介绍和推荐在一定程度上左右着消费者的选择。按照购买角色理论，不同的人在整个消费决策中担任着不同的角色。如一个家庭要购买一台学习机，倡议者可能是孩子，他认为学习机有助于查找信息资料，提高学习效率；影响者可能是祖父，他表示赞成；决策者可能是母亲，她认为孩子确实需要，家庭也有购买能力，在权衡利弊之后决定购买；购买者可能是父亲，他到商店去选购、付款；使用者主要是孩子。掌握消费者在购买产品过程中的角色，对营销者制定相应的营销策略具有重要意义。以前，很多生产早餐麦片的企业将重点放在与儿童的互动上，将大量广告投放在周末儿童节目上，后来他们发现早餐麦片主要由母亲购买，孩子只是在品牌选择上有些影响力。自此之后，企业将更多的注意力放在与母亲的沟通上，更多关注的是她们如何作出早餐麦片的购买决定。

三、消费者行为的动态性

消费者行为具有动态性，企业应根据消费者行为的这一特征有效地安排营销活动。

一方面，消费者在获得、使用和处置产品时在时间上会遵循一定的顺序，这为企业洞悉和影响消费者行为提供了某种条件和可能。比如某个消费者购买了私人汽车后将购买保险、内部装饰品等产品和服务，到郊区旅游、到更远的饭店就餐的可能性将增加；又如某个消费者购房后，随后将进行装修，这涉及很多产品的购买，包括装修材料、家用电器、生活用品等。

另一方面，消费者的动态性还表现为单个消费者的行为会随时间变化而变化。比如，上小学时喜欢喝碳酸饮料的女生，到了中学爱上了奶茶，而上大学时为了健康改喝枸杞水。儿童期喜欢粉色、红色等颜色鲜艳的服饰的女生，青春期却中意黑白灰棕系列的服饰，到了中年期会选择面料舒适且颜色较亮的服饰。随着年龄的增长，社会经验的丰富，职业、兴趣、价值观的变化，消费者行为也会有诸多变化。

四、消费者决策的多维性

消费者购买商品涉及一系列决策，包括是否买、买什么、为何买、如何买、何时买、去哪买、买多少、如何支付；是在实体店购买，还是网购；是刷卡支付、刷脸支付、微信付、打白条还是现金支付……诸如此类的问题，在购买过程中时时刻刻涌现在大脑中，等待作出选择。

五、消费者行为可诱导性

大多数消费者购买商品时是凭感觉和印象进行购买的，同时消费者普遍存在追求价廉物美、求实从众、求名争胜、求新趋时、求奇立异等购物心理。营销者应根据消费者购买商品或服务的原因和动机制定相应的营销策略。消费者对商品缺乏专业性了解，购买行为属于非专业性购买，有时有些消费者对自己的需要并不清楚。如消费者喜新厌旧，在求新动机的支配下，特别注重商品的款式、色彩、流行性、独特性与新颖性。因此，华为的智能手机Mate系列支持包括超级无线快充、侧边触控、隔空玩手机、超慢动作拍摄等新奇功能，很快受到了消费者的追捧。

在现代激烈的市场竞争环境下，消费者是企业经营与发展最重要的要素之一。无论何种企业，其高层管理者在思考企业发展时，都离不开对消费者行为的分析。就消费品企业而言，消费者是企业利润或价值实现最直接的一环，企业只有将其产品成功地出售给消费者，才能获得产品加工与制造过程中的价值增值。就工业品企业而言，其市场需求依赖于消费者的最终需求。因此，当代的企业管理者在谋划企业发展时，必须对消费者及其心理与行为进行深入分析，才有可能生产适销对路的产品与服务，才有可能成功地实现价值增值，获得利润回报。

第二节 消费者行为模式

一、消费模式行为模式分类

进入20世纪以来，心理学家、社会心理学家和生物学家对探索人类行为奥秘产生了浓厚的兴趣，纷纷致力于人类行为研究，试图揭示隐藏在复杂行为现象背后的客观规律。在众多研究成果中，尤以美国社会心理学家库尔特·卢因关于人类行为模式的研究最引人关注。

（一）卢因人类行为模式

B=F（P，E）式中，B（behavior）为个人的行为；P（personal）为个人的内在条件和内在特征，为构成内在条件的各种生理和心理因素，例如，生理需要、生理特征、能力、气质、性格、态度等；E（environment）为个人所处的外部环境，为构成环境的各种因素，例如，自然环境、社会环境等。

该模式表明，人类的行为是个人与环境相互作用的产物。同时，该模式还进一步表明，人类的行为方式、指向和强度，主要受两大类因素的影响和制约，即个人内在因素和外部环境因素。其中，个人内在因素包括生理和心理两类基本因素，而外部环境因素又包括自然环境和社会环境两类因素。

卢因的人类行为模式在一定程度上揭示了人类行为的一般规律，并对影响行为的多种因素做出了基本的归纳和划分，其结论具有高度概括性和广泛适用性，因此，得到普遍重视和认可。

（二）彼得模型

彼得模型俗称轮状模型图，是在消费者行为概念的基础上提出来的。它认为消费者行为和感知与认知、消费者行为和环境与营销策略之间是互动和互相作用的。这个模型可以在一定程度上解释消费者行为，帮助企业制定营销策略。消费者行为分析轮状模型图包括感知与认知、行为、环境、营销策略四部分内容。

感知与认知是指消费者对于外部环境的事物与刺激可能产生的心理上的两种反应，感知是人对直接作用于感觉器官（如眼睛、耳朵、鼻子、嘴、手指等）的客观事物的个别属性的反映；认知是人脑对外部环境做出反应的各种思想和知识结构。消费者行为指的是消费者的外在行为，即消费者在做什么。环境是指消费者的外部世界中各种自然的、社会的刺激因素的综合体。例如，政治环境、法律环境、文化环境、自然环境、人口环境等。营销策略指的是企业进行的一系列的营销活动，包括营销战略和营销组合的使用，消费者会采取一种什么样的购买行为，与企业的营销策略有密切的关系。

感知与认知、行为、营销策略和环境四个因素有着本质的联系。感知与认知是消费者的心理活动，心理活动在一定程度上会决定消费者的行为，通常来讲，有什么样的心理就会有什么样的行为，例如，消费者感知到某家饭店的饭菜色香味俱全，产品定位与自己的喜好相符，于是产生倾向于消费的行为。反之，消费者行为对感知也有重要影响，例如，当我们去一家超市获得了良好的服务和满意的购买行为时，消费者对这家超市的感知会更加"正向"。营销刺激和外在环境也是相互作用的。营销刺激会直接地形成外在环境的一部分，而外在的大环境也会对营销策略产生影响。感知与认知、行为与环境、营销策略是随着时间的变化不断交互作用的。消费者的感知与认知、对环境的把握是营销成功的基础，而企业的营销活动又可以改变消费者行为及消费者的感知与认知等，但营销策略也会被其他因素所改变。

（三）霍金斯模型

霍金斯模型是由美国心理与行为学家D.I. 霍金斯提出的，是一个关于消费者心理与行为和营销策略的模型，此模型是将心理学与营销策略整合的最佳典范。

霍金斯认为，消费者在内外因素影响下形成自我概念（形象）和生活方式，然后消费者的自我概念和生活方式导致一致的需要与欲望产生，这些需要与欲望大部分要求消费行为（获得产品）的满足与体验。同时这些也会影响今后的消费心理与行为，特别是对自我概念和生活方式起调节作用。

自我概念和生活方式是近年来消费心理研究的热点。自我概念是一个人对自身一切的知觉、了解和感受的总和，包括真实的自我概念、理想的自我概念、私人的自我概念和社会的自我概念。生活方式是指人如何生活，一般而言，消费者在外部因素和内部因素的作用下首先形成自我概念和自我意识，自我概念再进一步折射为人的生活方式。人的自我概念与生活方式对消费者的消费行为和选择会产生双向的影响，人们的选择对其自身的生活方式会产生莫大的影响，同时人们的自我概念与现在的生活方式或追求的生活方式也决定了人的消费方式、消费决策与消费行为。

另外，自我概念与生活方式固然重要，但如果消费者处处根据其生活方式思考，这也未免过于主观，消费者有时在做一些与生活方式相一致的消费决策时，自身却浑然不觉，这与参与程度有一定的关系。

（四）尼克西亚模式

尼克西亚模式是尼克西亚在其出版的《消费者决策过程》一书中提出来的。这一理论把消费者的消费行为看成一个信息处理过程，认为消费者的消费行为过程就是消费者在其特定心理特点的基础上对营销者所发出的刺激信息进行接收、加工、存储、使用和反馈的过程。这一模式包括四个部分，即：从信息源到消费者态度、消费者对信息的调查和评价、购买行动、消费后的信息反馈。

1. 从信息源到消费者态度

表示企业通过推销活动把自己的企业或产品的属性以信息的形式发送给消费者，消费者受其信息的影响，在自己的独特个性和心理活动的基础上，经过特有的信息处理过程，从而形成对商品和服务的态度并予以输出。

2. 消费者对信息的调查和评价

消费者形成对商品和服务的态度后，就开始进行对该商品和服务的调查与评价活动，在调查评价的基础上形成消费者购买动机。

3. 购买行动

消费者在购买动机的驱使下会形成购买决策，进而采取购买行动。

4. 消费后的信息反馈

消费者购买后，就会将其购买经验或教训反馈到大脑储存起来，以指导今后的购买行为，或者把消费后的感受反馈给企业或其他消费者。

尼克西亚模式对市场营销理论做出了重要贡献。该模式推理严谨，简单明了，但该模式没有对外界环境因素的作用做出分析和说明，且对模式发展的过程没有做详细说明，因而，不易被营销者所掌握。

（五）霍华德谢恩模式

这一模式最初于20世纪60年代由霍华德提出，后经反复修改并与谢恩合作出版了《购买行为理论》一书，从而系统提出了具有特色的霍华德谢恩模式。

该模式主要通过四大因素描述了消费者的购买行为。

1. 刺激或投入因素

刺激或投入因素也称输入变量，主要是由营销部门所控制的因素，包括产品的实质刺激，如产品的质量、价格、特征、适用性及服务等；产品的符号刺激，如通过营销者、广告媒体等把产品的特征传递给消费者；社会性刺激，如家庭、相关群体、社会阶层等。

2. 外在因素

外在因素也称外在变量，主要是指购买决策过程中的外部影响因素，如文化、消费者个性、消费者的经济状况等。

3. 内在因素

内在因素也称内在过程，是指介于刺激和反应之间起作用的因素，是这一模式的核心，也是其认为最重要的因素。它说明投入因素和外在因素是如何在心理活动过程中发生作用，并最终引出结果的。

4. 反应或产出因素

反应或产出因素也称结果变量，是指购买决策过程所导致的购买行为。主要包括认识反应、情感反应及行为反应三个阶段。认识反应是消费者对产品的认识和了解；情感反应是消费者对商品的情绪体验及其形成的态度；行为反应包括消费者是否购买或对购买何种品牌的认识程度的预测及公开的购买活动。

这一模式认为，投入因素和外在因素就是购买行为的刺激物，它们唤起消费者的需要并形成购买动机，通过为消费者提供关于各种选择方案的信息等影响消费者的心理活动状态。消费者受到刺激物和以前购买经验的影响，开始接收信息，产生自己的一系列购买动机，并做出可选择产品的一系列反应，最终形成一系列购买决策的中介因素或者制定出一系列使其动机与满足动机的备选方案相配合的规则。这些动机、选择方案和中介因素的相互作用，使消费者产生了一定的购买倾向和态度。这种倾向和态度与其他因素，如购买行为的各种限制性因素结合后便产生了购买意向和实际的购买行为。

霍华德谢恩模式利用心理学、社会学和管理学的各种知识，从多方面解释了消费者的购买行为。同时，该模式结构严谨，内容完整，变量具体，且只要将模式内的几个变量或相对重要性改变后，就可适应各种不同产品的营销活动和各种不同消费者的购买模式，其参考价值较大，因而受到了许多营销专家及营销心理学家的重视。

（六）EDK模式

这一模式是由美国俄亥俄州立大学三位教授J. 恩格尔、R. D. 布莱克韦尔及D. T. 克拉特于20世纪70年代在《消费者行为》一书中提出来的。该模式特别强调消费者的购买决策过程，或者说这一模式是以消费者购买决策过程为基础而建立起来的。在这一模式中，消费者心理（大脑）构成了一个"中央控制器"，外界的信息，即外界因素在消费者态度、经验和个性的作用下，便可产生一定的输出结果，做出购买决定。当然，如果输入的信息与消费者的态度、经验及个性特点不相符合，就不会产生购买决策和购买行为。

此模式主要是一个消费者购买决策模式，它详细表述了消费者的购买决策过程，强调了购买决策的系列化特点。模式变量多也较全，但过于烦琐，不易被人们掌握。

（七）科特勒刺激反应模式

美国著名市场营销学家菲利普·科特勒在其《市场营销管理（亚洲版）》中提出了一个非常简洁的消费者购买行为模式。他认为，消费者行为模式一般由三部分构成：第一部分包括企业内部的营销刺激和企业外部的环境刺激两类刺激，它们共同作用于消费者以期引起消费者的注意；第二部分包括购买者的特征和购买者的决策过程两个中间因素，它们将得到的刺激进行加工处理；而加工处理的结果就是购买者的反应，这就是第三部分，是消费者购买行为的实际外化，包括产品的选择、品牌选择等。这三部分非常简洁，却很清晰地把消费者的购买过程描述出来，如果我们想继续深入探讨，则可以以任何一部分人为目标展开。

（八）马歇尔模式

英国经济学家马歇尔认为，消费者的购买决策基于理性判断和清醒的经济计算，即每个消费者都根据本人的需要偏好、产品的效用和相对价格，来决定其购买行为。

马歇尔模式有几点假设：

（1）产品价格越低，销量越大；价格越高，购买量越少。

（2）替代产品降价，被替代产品的购买者减少；替代产品涨价，则被替代产品的购买者增加。

（3）相反，某产品价格下跌，则互补产品购买者减少；某产品价格上涨，则互补产品购买者增加。

（4）边际效用递减，即消费者消费单位产品所增加的满足感递减，购买行为减弱。

（5）消费者收入水平高，则需求总量增加，价格作用相对减弱，偏好的作用增强。

（6）购买额越大，购买行为越慎重；收入越低，购买行为越慎重。

马歇尔模式揭示了消费者购买行为的主要决策方式，即理性决策，但是，它只强调了经济因素，而忽视了其他影响因素。

（九）巴甫洛夫模式

巴甫洛夫模式又称学习模式。根据巴甫洛夫的理论，人类的需求行为实质上是一种"条件反射"过程，而购买行为则是一种"刺激—反应"过程。这种"刺激—反应"间的关系可细分为内驱力、诱因、反应和强化四个步骤。

（1）内驱力是一种诱发购买行为的内部力量，如饥饿、恐惧、疲劳、危险、尊严等。

（2）诱因是能够满足或缓解内驱力的某种产品或劳务，如食品、服装、交通工具、各种服务等。

（3）反应是需求者对诱因的一种指向性行为，即为了满足需求而寻求某种产品或劳务的购买行为。

（4）强化就是加强诱因和反应之间的联系。如果诱因和反应之间的联系经常得到加强，也就是得到强化，就会变成习惯，导致消费者重复购买。

没有内驱力和诱因，就没有购买行为，也就谈不上强化。按照这种模式，广告是一种重要的诱因，重复广告对消费者的购买行为影响很大。巴甫洛夫模式强调了决定消费者购买行为的心理机制和心理过程。

（十）维布雷宁模式

维布雷宁提出的是一种社会心理模式。他认为人类是一种社会动物，其需求和购买行为通常受到社会文化和亚文化的影响，并遵从于他所处的相关群体、社会阶层和家庭等特定的行为规范。上述社会因素往往直接形成和改变人们的价值观、审美观和生活方式，进而在很大程度上决定消费者的购买行为。

文化和亚文化对消费者消费行为的影响是总体的和方向性的，而相关群体的影响则更加具体。相关群体分为三类：初级群体、次级群体和渴望群体。初级群体包括家庭、朋友、同事和邻居等，它的消费示范作用最强烈，消费攀比行为就发生在该群体内。次级群体是指与消费者有关的各种组织，如职业团体、学术组织等。渴望群体是指消费者渴望加入或作为参照体的个人或组织，如影视明星、体育明星、商界或政界名流。

维布雷宁模式认为，相关群体从三个方面影响消费者购买行为：

（1）影响消费者对某种产品或品牌的态度，使之成为一定的消费观念。

（2）相关群体为消费者规定了相应的消费内容和消费方式。

（3）相关群体潜移默化的作用，可能导致消费者仿效、攀比而出现的商品流行现象。

（十一）哈华德希斯模式

哈华德希斯模式是一个复杂的理论。这种模式包括四个变量，即投入因素（刺激因素）、内在因素、外在因素和产出因素。四个因素的综合作用，导致消费者的购买行为产生和发生变化。

投入因素是引起消费者产生购买行为的刺激因素，它包括三大刺激因子：产品刺激因子、符号刺激因子和社会刺激因子。产品刺激因子是指产品各要素，如产品质量、品种、价格、功能服务等。符号刺激因子是指媒体等传播的商业信息，如广告及各种宣传信息。社会刺激因子是来自于社会环境，诸如家庭、相关群体等因素的影响。

内在因素介于投入因素和产出因素之间，是该模式最基本的因素。它主要说明投入因素和外在因素如何通过内在力量作用于消费者，并最终引起消费行为出现。消费者内心接受投入因素的程度，受需求动机和信息反应敏感度的影响，而后者又决定消费者购买欲望的强度和"学习"效果。消费者往往对感兴趣的对象显示出"认知觉醒"，对无关的对象信息则表现出"认知防卫"。消费者的偏好选择受内心"决策仲裁规则"制约。"决策仲裁规则"是指消费者根据动机强度、需求紧迫度、预期效果、消费重要性和过去的学习等，把各种消费对象排列顺序，按序消费的心理倾向。

外在因素包括相关群体、社会阶层、文化、亚文化、时间压力和产品的选择性等。

有了投入因素的刺激，通过内在、外在因素的交互影响，最后形成产出或反应因素。产出或反应因素可以从不同的形式和内容体现出来，如注意、了解、态度、消费意图和最后形式——消费行为。

二、消费者行为模式基本模块

消费者行为模式一般包括六个基本模块：买什么（What）、何时买（When）、何处买（Where）、为何买（Why）、由谁买（Who）和如何买（How），可归纳为"5W1H"模式。

（一）买什么

"买什么"是指消费者在一定时期购买力投向的对象，即消费者购买什么样的特定商品。很明显，它对企业营销行为的影响是非常直接的，它直接关系到企业组织什么样的商品，即货源的组织问题。若是生产企业，还影响到其新产品开发的方向。它对营销人员的影响则主要表现在对商品的推销上，若商品适销对路则成交迅速，否则推销、推荐的难度增大。

（二）何时买

"何时买"是反应消费者购买时间规律的模块，它主要表现为消费者每天每周、每月、每季度购买时间上的规律性。它对企业营销行为的影响主要表现在：影响企业营业（作息）时间的安排，影响企业用人规模及方式的确定，以及影响企业营销人员心理及行为的变化等。

（三）何处买

消费者"何处买"包括两个方面，即决定何处买和实际何处买。一般来说，生活日用品，决定买与实际买往往在同一地点；而家庭耐用消费品和贵重商品，决定购买与实际购买则往往又不在同一地点。这对企业营销行为必然会产生重要影响。首先，它影响到企业促销策略和促销方式的选择，如日用品的促销往往应放在购物现场，采取诸如现场促销、推广，商品陈列展示，以及依靠营销人员现场介绍、示范等方式；而耐用品则需要加大售前的促销宣传，使消费者在实际购买前做出购买决定。其次，它还影响到企业结算收款方式的选择，因为，若企业采取分期付款和延期付款或提供消费信贷，则有可能促使那些已决定购买而在付费等方面需要帮助的消费者实现购买行为。最后，它还影响到企业营销人员接待服务时情绪的好坏，如果购买时"决定"与"实际"同步，则不会直接影响到营销人员的情绪变化；但如果两者不同步，则往往会挫伤营销人员的积极性，有时甚至会导致冲突的发生。

（四）为何买

"为何买"旨在分析消费购买特定商品的原因，它涉及消费者的购买动机，这一模块对企业营销的影响十分明显。归纳起来说，由于消费者购买动机的不同，决定了企业及营销人员所采取的接待方式的不同，促使其转化为购买行为的措施亦不同。

（五）由谁买

"由谁买"分析的是在家庭消费者中由谁来决定购买的问题，也就是寻找家庭购买决策者的问题。购买某种商品，表面上看，是一个人的行动，但实际上，是由发起者、影响者、决定者、执行者和使用者等角色共同作用的结果。家庭决策者的构成大致分为四种类型，即丈夫决定型、妻子决定型、共同决定型（协商型）和各自作主型（独立型）。这就是所谓的"家庭权威中心点"问题。从现象上看，由谁决定购买与营销活动毫不相干，但实际上它们之间存在着一定的联系。首先表现在家庭权威中心点的不同会影响企业目标市场相关策略和技巧的选择，在企业目标市场上决策者的类型及构成的不同，企业所采取的促销及拓展市场的策略地位有所区别，不能一成不变。其次还表现在对营销员的影响。作为企业促销员之一的营销人员，承担着诱导发起者、鼓励影响者和争取决定者的任务。营销人员积极的行为会促使消费者做出决策，实现购买行为；反之，营销人员消极的行为，又会使消费者潜在的需求无法实现转化。

（六）如何买

消费者"如何买"，涉及消费者对商品的期望、选择商品的标准和方式以及对购物地、对营销人员的要求等方面，即消费者的购买行为方式。因此，这一模式与企业营销行为关系更为密切。由于商品多种多样，品类繁多，而对不同的商品，消费者的期望、选择的标准、选择的方式以及对购物地、对营销人员的要求又有一定的差别。

第三节　消费者行为的特征

一、购买动机的心理特征

由人们的认识、情感、意志等心理过程引起的行为动机叫作心理模式。其具体包括以下几种类型。

（一）情绪动机

它是指由人的喜、怒、哀、欲、爱、恶、惧等情绪引起的动机。如为了增添家庭欢乐气氛购买音响产品，为了过生日购买蛋糕和蜡烛等，这类动机常常是被外界刺激信息所感染，所购商品并不是生活必需或急需，事先也没有计划或考虑。引起情绪动机的主要原因是商品新颖的外观造型、流行的款式、精致漂亮的包装、气氛热烈的销售现场等。情绪动机推动下的购买行为具有冲动性和即景性的特点。

（二）情感动机

它是由道德感、群体感、美感等人类高级情感引起的动机。如因为爱美而购买化妆品，因为交际而购买馈赠品等。馈赠品购买者特别注重商品的外形、包装和装饰，以示对被馈赠者的友好和敬重。情感动机可以分为求美动机（从美学角度选择商品）、嗜好动机（满足特殊爱好）、攀比动机（对地位的要求，即争强好胜心理）。情感动机推动下的购买行为一般具有稳定性和深刻性的特点，往往可以反映人们的精神面貌。

（三）理智动机

它是建立在人们对商品的客观认识之上，经过比较分析而产生的动机。这类动机对欲购商品有计划性，人们购买商品前对同类商品进行比较分析，并且深思熟虑。如经过对配置、功能、质量、价格、保修时间的比较分析，某消费者在众多智能手机中选择并购买华为手机。理智动机可以分为求实动机（产品的实用价值）、求新动机（产品新潮、奇异）、求优动机（产品的质量、性能优良）、求名动机（看重产品的品牌）、求廉动机（喜欢买廉价的商品）、求简动机（要求产品使用程序简单，即产品购买过程简单）。理智动机推动下的购买行为具有客观性、计划性和控制性。

（四）惠顾动机

它是指基于情感与理智的经验，对特定的商店、品牌或商品产生特殊的信任和偏好，使消费者重复、习惯性前往购买的动机。如有的消费者几十年一贯使用某品牌的牙膏，有的消费者总是习惯到某个网站去购物等。这种购买动机的心理活动相对稳定。惠顾动机推动下的购买行为具有经验性和重复性的特点。研究表明，惠顾动机的行为表现就是"顾客忠诚"，这对企业保持一定的顾客群有重要的作用。

二、购买动机的社会特征

人们的动机和行为不可避免地受到社会的影响，这种后天的由社会因素引起的购买动机叫作社会模式或学习模式。社会模式的购买动机主要受社会文化、社会风俗、社会阶层和社会群体等因素的影响。社会模式是后天形成的，一般可分为基本的社会性心理动机和高级的社会性心理动机两类。由社交、归属、自主等意念引起的购买动机属于基本的社会性心理动机；由成就、威望、荣誉等意念引起的购买动机属于高级的社会性心理动机。

三、显性特征和隐形特征

消费者在产生消费需要的时候会引发两种消费动机，一种是消费者主观认识到的并且承认的消费动机，称作显性动机，比如某个消费者购买奔驰汽车时，认为自己看中的是其性能，这一动机就是这位消费者的显性动机。与显性动机相反，另一种消费者没有意识到或不愿承认的动机被称作隐性动机，如购买奔驰汽车的本质是因为其在汽车中属于高端产品，是身份和地位的象征，但消费者却不愿承认自己是为了"面子"而购买奔驰汽车。消费者在产品的广告设计中，经常可以看到这种赋予产品显性、隐性动机的案例。典型产品广告中的显性、隐性动机分析见表1-3-1。

表1-3-1 产品广告动机分析

产品	广告语	动机分析
奔驰汽车	领导时代，驾驭未来	汽车是一种交通工具，人们的需要是一种显性动机；对于高薪、高地位阶层，他们用高档汽车作为自己身份的象征，这是一种隐性动机
海尔电器	真诚直到永远	人们购买电器，都希望选择的是质量比较好的产品，这是公认的需要，是一种显性动机。而海尔电器将消费者当作朋友一样对待，希望用真诚陪伴消费者到永远，这种感情的介入则是一种隐性动机
vivo手机	够快才畅快	当今时代，手机是人们不可或缺的东西，人们出于通信的目的产生对手机的需要，是一种显性动机。随着人们生活的多元化，vivo推出了顺应人们需要的功能手机，这种心理需要是一种隐性动机
百事可乐	新一代的选择	可乐作为一种饮料，人们对于它的需要是一种显性动机。百事可乐从年轻人群体中发现市场，年轻人更有活力，也渴望展现自己的活力，这是一种隐性动机

四、消费者的需要特征

需要是个体缺乏某种东西时的准备状态，它是客观需求的反映。需要与人的活动是紧密联系在一起的。需要的前提条件：人们感到不满足，缺少什么东西时，人们期望得到某种东西，追求满足感。人们购买产品，接受服务，都是为了满足一定的需要，在一种需要满足后，又会产生新的需要。因此，人的需要绝不会有被完全满足和终结的时候。正是需要的无限发展性，决定了人类活动的长久性和永恒性。

需要是心理学研究的一项基本课题。心理学研究认为，欲望和需要是全体社会的客观需求在人脑中的反映，是个人的心理活动和行为的基本动力。欲望和需要经常以一种"缺乏感"被体验着，以意向、愿望的形式表现出来，最终导致推动人们行为活动的动机。古代学者王充说："凡人之有喜怒也，有求得与不得。得则喜，不得则怒。喜则施恩而为福，怒则发怒而为祸。"王充在这里所说的"求得与不得"，就是指欲望与需要的满足与否。一个人强烈的贪欲，就会导致损失，就会危害社会，"患之所由，常由所贪"。要是一个人接受良好的文化教养，礼仪在身，就会"性廉寡欲"，社会也就愈加安定团结。社会成员的欲望、需要满足与否，以及满足的质量，是一个社会经济、文化发展的标志。在经济发展的生产导向阶段和销售导向阶段，由于产品的缺乏和消费者购买水平低下，消费者的欲望和需要的满足程度是很低的。所谓市场开发潜力，概而言之，指的就是广大消费者的欲望和需要。需要和需求的区别在于：需要是一种促使消费者采取行动来改善状况的不满意的状态；而需求则是消费者在获得了为改善其不满意状态所需的条件之后，想要获得更高满意程度的一种愿望。

（一）对象性

需要总是针对某种东西的需要，对于某种物质性物品的需要。由于消费者有各种各样的需要，当一个需要得到满足，下一个需要就会被激活，因此，需要是相互依存的，而且每一种需要总是有自己的对象。正如恩格斯所指出的："绝不能避免这种情况，推动人去从事活动的一切，都要通过人的头脑，甚至吃喝也是由于通过头脑感觉到饥渴引起的，并且是同样通过头脑感觉到的饱足而停止。"

（二）客观性

人们对消费者需要不能单纯地理解为人的欲望、追求、偏好等主观心理的东西。马克思主义认为，经济学中所说的需要不是主观心理的东西，而具有客观性，这是因为：需要是随生产力一同发展起来的。马克思指出："在生产的最低阶段上，人类的需要还很少，因而要满足的需要也很少。"随着社会经济的发展，社会分工和生产的社会化，人们只从事某一种产品的生产，但其对产品的需要却具有多样性，"每个人的需求是相当多方面的，而他的产品是颇为片面的"。在生产不断扩大的条件下，需要也在不断扩大。特别是科学技术的不断发展，分工越来越细，新的工业部门不断出现，新的消费品不断出现，人们的消费需要不断上升，消费需要的内容不断扩大，成为一个与生产体系相适应的消费需要体系。"新生产部门的这种创造……不仅是一种分工，而且是一定的生产作为具有新使用价值的劳动从自身中分离出来；是发展各种劳动即各种生产的一个不断扩大和日益广泛的体系，与之相适应的是一个不断扩大和日益丰富的体系。"反过来，社会需要的内容越丰富，越会促进社会分工，促进新的工业部门不断出现，使社会需要不断得到满足。正如马克思所说："社会需要的体系越是成为多方面的，个人的生产越是成为单方面的，也就是说，社会分工越是发展，那么作为交换价值的产品的生产或作为交换价值的产品的性质就越有决定意义。"马克思又说："……交换的主体生产各种不同的商品，以适应各种不同的需要。"可见，需要并不是人们主观的东西，它是随着生产力一同发展起来的，因而具有客观性。

需要具有社会性质。马克思曾说过："我们的需要和享受是由社会产生的，因此，我们对于需要和享受是以社会的尺度，而不是以满足它们的物品去衡量的，因为我们的需要和享受具有社会性质。"在不同的生产力水平下，人们的消费需要也是不同的。资本主义社会的消费存在阶级差别，受到了限制；在社会主义条件下，生产的目的是满足人们日益增长的物质和文化生活的需要。但是，由于不同社会阶层、不同社会集团的社会地位的差别，如城乡差别、职业差别等，他们的消费需要还是存在差别的，尽管不存在阶级差别，但消费需要的满足程度仍然存在差别。因此，消费需要具有社会性质，具有社会的历史必然性，因而具有客观性。

消费者固然存在欲望、追求和偏好等生理和心理的东西，但是，这不是经济学研究的范围。实际上，对消费者的欲望，也要具体分析。有些欲望，纯粹是个人脱离实际的心理活动，由这种欲望形成的需要，当然是主观的。但是，人是有理智的，是处于社会生产关系中的人，他们的欲望以及由欲望形成的需要，一般来说，要考虑到自己的社会地位和客观条件。人们的欲望、爱好、兴趣之所以有差别，除了其生理的特点之外，还有不同的消费者在社会中所处的地位的差别。从这个意义上说，消费者的某些欲望也是具有客观性的。但那种脱离客观实际的"欲望"，那些随意性的良好欲望是不能实现的，也是不能满足其需要的。主观随意性的欲望、追求、偏好，与马克思主义经济学中的需要是完全不同的。

马克思主义经济学中所研究的个人需要，不是单纯由个人头脑产生的，而是由社会产生的。"需要是同满足需要的手段一同发展的，并且是依靠这些手段发展的。"马克思在分析消费需要时，还把人们对需要的满足与分配劳动的时间联系起来。他指出："即使是孤岛上的鲁滨孙，不管他生来怎样简朴，他终究要满足各种需要……"，"需要本身迫使他精确地分配自己执行各种职能的时间。在他的全部活动中，这种或那种职能所占比重的大小，取决于他为取得预期效果所要克服困难的大小。"可见，需要绝不是人们的主观想象，而是客观的。恩格斯也对共产主义生产和需要之间的数量关系做了论证："到那时候，这种生产就会显得十分不够，并一定要大大扩大。超出社会当前需要的生产余额不但不会一起贫困，而且将保证满足社会全体成员的需要，将引起新的需要，同时创造出满足这种新需要的手段。"这说明，消费需要是客观存在的，不是从主观想象中产生并发展起来的。

（三）层次性

复杂多样的（人多面广）消费者需求是在一定的购买能力和其他条件下形成的，尽管人们的需求无穷无尽，但不可能同时得到满足，每个人总要按照自己的支付能力和客观条件的许可，依据需求的轻重缓急，有序地实现，这就形成了需求的多层次性。在同一时间、同一市场上，不同消费者群体由于社会地位、收入水平和文化教养等方面的差异，必然表现为多层次的需求，绝不会千篇一律。因此，营销人员要慎重选择目标市场，并准确地为自己的产品定位。

消费者的商品需要千差万别，但总是先满足低层次、最迫切、最基本的需要，然后逐步满足其他的需要。由于人的需要由低层次不断向高层次移动，消费者的购买动机也随之由低水平向高水平移动。这种发展规律，主要取决于社会经济的发展状况和个人的支付能力。

在早期人类社会，人们的需要比较简单，大都是追求生理和安全的需要。随着生产力的发展和人们物质文化水平的提高，需要变得复杂了。除了满足多种多样、丰富多彩的物质需要以外，还会产生诸如社交、尊重、成就和追求美、祈求情感享受等多种多样的精神需要。从我国情况来看，20世纪50年代初期消费者的一般需要主要是解决温饱问题。20世纪90年代以后只限于温饱已远远不能满足消费者需要，这一时期，消费者需要有其时代性特性，普遍重视对高档商品和精神产品的需要，"吃的讲营养，穿的讲漂亮，住的讲宽敞，用的讲舒适"已成为典型的20世纪90年代消费者需要的特征。与20世纪50年代相比，需要随着历史的发展而发展，它呈现出由低到高，由简到繁，由物质到精神的发展趋势，这已被实践所证实。

五、消费者购买的种类特征

人类的消费需要是多方面的，十分复杂，可以从不同角度对消费者需要进行分类。其中，最常用、最基本的分类方法是根据购买目的划分，可以分为生产消费需要和生活消费需要两大类。生产消费需要，是指生产者为了满足生产过程中物化劳动和生活劳动消耗的需要，也可称之为生产者需要；生活消费需要，是指消费者为了满足个人生活的各种物质产品和精神产品的需要，又称之为消费者需要，消费者需要是最终的消费需要，是我们研究的重点。

在企业市场营销活动中反映出来的消费者需要是错综复杂、瞬息万变的。为了更好地分析消费者需要，学者们从不同角度对其进行了分类研究。

（一）需要起源分类

根据消费需要的起源，可以把消费者的需要分为天然性需要和社会性需要。

从消费需要的起源来说，马克思曾经把人们的需要区分为社会制造的需要和自然的需要。根据这种区分原则，可以得出两个结论：其一，人的需要应该包含自然性需要；其二，人的需要主要表现为社会性需要。所谓自然性需要是指人们为维持机体生存和发展所必需的本能需要，主要是衣食住行等基本生活需要。而社会性需要则是指人们为了丰富社会生活，进行生产和社会交往、提高消费层次和质量的消费需要。

人既然是大自然的产物，就绝不能完全不受自然界的制约，也不会没有任何自然性需要。从历史上看，人的社会性需要以自然性需要为前提，并从自然性需要中发展起来。自然性需要是社会性需要的基础。正如马克思所说："人们首先必须吃、喝、住、穿，然后才能从事政治、科学、艺术、宗教，等等。"马克思还指出："饥饿总是饥饿，但是使用刀叉吃熟肉来解除饥饿不同于用手、指甲和牙齿啃生肉来解除的饥饿。"

（二）需要对象分类

根据消费需要的对象，可以把消费者的需要分为物质需要、精神需要和生态需要三类。

物质需要是通过消费品的使用价值而得到满足的需要，表现在人们的物质生活方面，如对食品、衣服、鞋帽、家具、家用电器等物品的需要。物质需要是人类最基本、最直接的需要，也是人类社会的基础。

精神文化需要，既包括主体自由地发挥自己的智力资源，进行各种各样的创造消费活动的才能，又包括对文化成果的享用。例如：对于文化艺术和人类积累的科学知识的需要、对美的需要、认识的需要等，都属于精神文化需要的范畴。随着科技、文化的不断进步及社会经济的不断发展，精神文化需要越来越重要。精神文化需要的满足是不断提高人的素质、促进人的全面发展的不可缺少的条件。

生态消费需要是指消费的内容和方式符合生态系统的要求，有利于环境保护，有助于消费者身心健康，能实现经济可持续发展的需要。随着工业和社会的发展，环境受到污染，生态平衡遭到破坏，严重地威胁着人们的生存和发展。生态需要对人的生存和发展、对满足人的消费需要具有极端的重要性。生态需要不仅是最基本、最重要的生存需要，而且是很重要的享受与发展需要，生态需要的满足程度不仅成为反映消费层次、消费质量的标志，而且成为反映社会进步和社会文明的尺度。

从消费需要的实际对象来看，也可以分为实物消费需要和劳务消费需要两类。实物产品是人和自然之间物质变换的产物，是经过形式变化而适合人的需要的自然物质。劳务产品主要是劳动的产物，主要不是作为物，而是作为活动体现的。我们不仅要满足人们的实物消费需要，而且要满足人们日益增长的劳务消费需要。社会越发展，劳务消费越重要，劳务消费在消费需要中的比重也不断提高。

第四节 研究消费者行为的重要意义

一、有助于制定市场战略

研究消费者和消费者行为，有助于从以下几个方面，帮助公司和组织理解他们的市场战略：一是消费者思考、感知、推理以及在不同替代选项（如品牌、产品和零售商）之间进行选择的心理；二是消费者如何受其环境（如文化、家庭、语言、媒体）影响的心理；三是消费者在购买或做出其他营销决策过程时的行为；四是消费者知识或信息处理能力的不足对其决策和市场结果的影响；五是针对不同重要程度或不同兴趣的产品，消费者的动机和决策策略有何差异；六是营销人员如何适应并改进其营销活动和战略，以使其营销活动和战略更符合消费者的实际需要。

消费者行为的研究成果，主要应用于营销策略、公共政策、社会营销三个方面。

（一）营销策略

第一个重要的应用领域是营销策略，即理解消费者行为有助于制定更好的营销活动策略。为了制定营销策略，经理们必须知道影响商品、服务和创意的获得、消费和处置的因素。消费者行为概念主要应用于五种管理运用领域，见表1-4-1。一是产品定位和差异化；二是环境分析；三是营销调研；四是营销组合的制定；五是细分。

表1-4-1 管理运用领域

管理运用	定义
产品定位和差异化	通过开发并促销具有与对手不同特点的产品来影响产品的需求
环境分析	评估影响公司和消费者以及产生威胁和机遇的外因
营销调研	运用消费者调查为管理层提供有关影响顾客对商品。服务和创意的获取、消费和处置等因素的信息
营销组合的制定	产品开发、促销、定价和分销等营销活动的协调
细分	市场分割成不同的子集，子集中的消费者具有相似的需求和欲望。每一子集采取不同的营销组合

PERMS——产品定位和差异化、环境分析、营销调研、营销组合的制定和细分，被称为消费者行为的五种管理运用领域。上表简洁地定义了每一种管理运用领域。首先，产品的定位和差异化必须建立在理解目标市场所寻找的产品利益的基础上。其次，通过对目标市场文化的理解推动环境分析。再次，要对消费者市场进行调查，就不能不对影响消费者购买的因素有一个全面的了解。同样，营销组合策略必须建立在对目标市场特征有充分了解的基础上。最后，市场细分要求必须能够辨别消费群体之间想法、感觉和行为的不同。总之，无论何时，当被问及"某某消费者行为概念的管理运用是什么"时，就应当立刻考虑到PERMS的概念。

（二）公共政策

第二个应用领域是公共政策。例如，在19世纪80年代的美国，一种叫作维A酸的治疗痤疮的药被引入市场，当时医学界几乎认为它是治疗该类病症的一种几乎完美的药物。然而不好的是，孕妇服用这种药物后容易导致胎儿畸形，虽然医生警告女性患者谨慎使用此药，但还是有部分孕妇服用了此类药物而造成不好的结果。为了引起消费者的注意，美国联邦药物管理局（FDA）要求该类药品的制造商，在其产品包装上非常生动地展示畸形婴儿的图片。

（三）社会营销

第三个应用领域是社会营销，即将一些积极的想法传达给广大消费者，而不仅仅是销售一些商品。社会营销是一种运用商业营销手段达到社会公益目的或者运用社会公益价值推广商业服务的营销方案。社会营销的内容包含着社会理念，目的是推动整个社会的变革和发展。"社会营销"的提出，促使人们将营销学运用于环境保护、计划生育、改善营养、系安全带等具有重大推广意义的社会目标方面，这一概念的提出，得到世界各国和有关组织的广泛重视。一些国际组织，如美国的国际开发署、世界卫生组织和世界银行等也开始承认这一理论的运用是推广具有重大意义社会目标的最佳途径。通过理解消费者行为，能够有助于社会营销者更好地影响社会大众的行为，促进社会公益目的的实现。

结合中国的经济发展情境，社会生产力快速发展，商品供应丰富，消费者选择余地快速增大，消费的需求复杂多变，在众多行业都形成了供过于求的买方市场，企业之间的竞争不断加剧，商品销售日益困难。在这样的背景下，企业必须调查消费需求的信息，研究消费者的行为与心理，研究影响消费者购买行为的各种因素，有针对性地研发符合消费需求的产品与服务，并制定相应的市场营销策略。根据消费者的需要设计、生产产品，这样才可能提高企业竞争力，扩大产品销售，改善经营管理水平，消费者行为学是一门应用性社会科学。

二、对开展商业活动非常有利

消费者是市场和竞争的最终裁判者，消费者决定了市场竞争的胜负成败，消费者行为学研究与企业的营销活动密不可分。企业只有密切关注市场需求的变动趋势，掌握消费者心理与行为规律，有针对性地研制开发适合消费者需求偏好的产品和服务，制定符合消费者行为规律的营销策略，才能及时发现和抓住市场机会，作出正确的市场决策，从而在市场竞争中取得优势地位。对消费者行为的研究，在提高企业营销决策水平、增强营销策略的有效性方面有着极其重要的意义。当然，消费者行为学研究也不是万能的，它也并非营销决策的充分必要条件。决策过程中，经验、直觉也有很重要的作用，但在一些重大的决策中，如果只凭经验和直觉，结果可能是灾难性的。正是在这一意义上，消费者行为学研究具有特别的价值。

在市场经济的环境中，商业活动不仅仅只是生产产品或建立会计系统，不仅仅是为股东创造利益或对员工进行管理。我们有必要重新去理解市场营销的作用。市场营销是吸引和留住消费者的商业活动，它通过信息、资金、商品、服务、地位、感情等资源来与消费者进行交流，使他们意识到充分的利益，从而吸引和留存消费者。那么，谁是消费者？如何满足他们？如何发现他们？向他们销售什么产品？用什么方法来激励他们购买？如何让他们感觉到满意？要回答这些问题，就需要充分地了解消费者。

三、对公共政策讨论有引导作用

作为社会的一个成员，消费者拥有自由选择产品与服务，获得正确信息和安全等产品的权利。政府部门有责任和义务禁止像欺诈、垄断、不守信用等损害消费者权益行为的发生，也有责任通过宣传、教育等手段提高消费者自我保护的意识和能力。

政府应当制定什么样的法律，采取何种手段保护消费者权益、这些法律和措施在实施过程中是否达到预期，可以借助消费者行为研究所提供的信息来达到目标。例如，很多国家规定，食品供应商应在产品标签上披露各种成分和营养方面的数据，以便消费者做出更明智的选择。这类规定是否真正达到了目的，首先取决于消费者在选择食品时是否依赖这类信息。如果消费者选择食品时，主要根据对品牌的印象来选择，而根本不阅读标签上的内容，那么，这类额外的信息披露可能只是白白增加了标签制作的成本。所以，通过研究消费者行为，可以更全面地评价现行消费者权益保护的法律、政策，并在此基础上制定出更加切实可行的消费者权益保护措施。

还有，对消费者不当行为的研究，如冲动性购买、非法物品的使用，政府部门可以最大可能地贯彻法律法规来提高社会福利。近年来，消费者权利受到了许多威胁，例如，有害产品原料、不完善的制造过程，甚至把弱势消费者作为目标的营销活动，都可能影响到消费者安全。把烟草销售给贫穷国家，这些国家的消费者无力关注或忽略烟草对健康的危害，这是消费者知情权受到威胁的案例。

消费者选择权也受到各种各样的威胁。如某些行业的垄断控制限制了向消费者提供的产品，从而限制了消费者的选择。假冒产品同样引起了世界贸易组织成员国之间的冲突。自行下载歌曲和电影的，也应该被视为小偷。同样，强迫性消费也是抑制选择的现象，包括饮食没有节制，厌食，强迫性购买，赌博，对酒、烟草和毒品的上瘾等。

要解决消费者权利受威胁的问题，需要制定相关的产业标准、政府法规和法律，还需要明确国际条约和惯例。许多发达国家政府建立消费者保护代理系统，明确立法和监督保护消费者权利。一般这些政策采取以下三种补救措施：告知消费者；赋予明确的消费选择权；适当限制消费者选择。标签上标示食品是否包含基因改造原料，或者是否符合有机的标准，并需要通知消费者；限制向消费者传递的信息数量或一些内容，特别是对辨别能力比较差的儿童等消费者群体；严格限定广告主的电视节目营销，以保护弱势消费者群体，欧洲议会已经明令禁止对儿童进行促销活动。

四、有利于消费者提高决策水平

作为个体消费者，如果能系统地了解影响自身消费行为的因素，有助于提高其决策水平。消费者行为与我们的日常生活息息相关，了解购买动机、态度形成过程、参照群体的影响、消费者社会化过程等有助于消费者制定更优的决策，提高消费者效率和效用，使之成为更加"聪明的消费者"。国家宏观经济政策的制定必须以市场供给和消费需求的实际状况及其发展趋势为依据。在买方市场占主导地位的今天，消费者心理活动和行为模式的变化会直接引发市场供求状况的改变，进而对国民经济产生连锁影响。例如，消费者物价下跌的心理预期过强，则会出现持币观望的现象，其结果是：消费不足，市场疲软，生产过剩，国民经济增长速度减缓或者出现下滑。因此，国家宏观经济政策的制定，必须建立在了解消费者行为的基础上。否则，政策效果可能要大打折扣。比如，一些地方为了刺激房地产市场的复苏，采取了很多鼓励居民购房的政策，如让银行提供按揭，减少或降低各种房产税费等，但效果并不明显。而很多居住条件差的人，由于收入水平低，在现行房价水平下，即使政府再降低税费，也无力购房。只有了解消费者心理与行为规律，掌握消费需求的变化与发展趋向，才有可能制定正确的宏观经济政策，促进市场供给和消费需求的动态平衡，以保证国民经济的健康、协调和快速增长。

五、对生态保护有好处

生态环境是人类赖以生存的基本环境，决定着人类能否生存甚至能否健康的生存。进入工业社会以来，科学技术和社会生产力水平突飞猛进，社会化大生产创造了比过去几千年的总和还要多的财富，人们物质享受和精神享受也达到了过去难以想象的程度。然而，科学技术和社会生产力进步既能以空前的规模和速度创造社会财富，又能以空前的规模和速度毁坏生态环境。由于缺乏生态环境保护意识，许多企业为了自身利益在生产和经营活动中肆意破坏生态环境；许多消费者也为了眼前的利益和暂时的享受污染生态环境，最终导致生态环境急剧恶化，人类的生存岌岌可危。研究消费者行为和心理有助于人类正确认识自己的需求，减少无益消费和有害消费，减少污染，回收资源，保护生态环境。

第五节　消费者行为的相关理论

一、消费者行为发展简史

自从有人类以来，消费者行为的点滴思想观念就与人们的消费实践同步出现，所以，人们对于消费者心理与行为的关注以及经验描述有着悠久的历史。但直到19世纪末20世纪初才出现对消费者心理和行为的专门研究，研究结果主要体现在广告和促销中，希望通过对消费者的了解改善广告传播的效果。美国心理学家W．D．斯科特在1908年出版的《广告心理学》中首次提出在广告宣传上应用心理学理论，这不仅是第一部有关消费心理学的著作，而且也是消费心理学的一个组成部分——广告心理学诞生的标志。

从20世纪30年代到60年代，消费心理与行为研究被广泛地应用于市场营销活动中并得到迅速发展。消费者研究发端于早年的美国，主要是受商业目的驱使展开的对消费者的种种测试。消费心理学在消费者需求、购买动机、消费习惯、品牌忠诚、参照群体影响、风险知觉、新产品设计、潜意识与广告等方面积累了大量的研究资料，为消费心理学成为一门比较完整的独立学科打下了良好的基础。1960年，美国心理学会成立了消费者心理学分会，并创办了《广告研究》杂志，这被学术界视为消费心理学科正式建立和形成的标志，也是消费者行为学开始确立其学科地位的前奏。

20世纪50年代，受社会学、行为学的影响，营销学开始加入"社会人"的角度，并且提出"消费者行为学"的概念。1965年，由于企业营销工作发展的要求与推动以及对消费者行为研究的广泛与深入，美国俄亥俄州立大学正式提出了第一份《消费者行为学》教学大纲，标志着消费者行为学发展成一门系统的理论研究并成为一个独立的学科。1968年，第一部消费者行为学教材由俄亥俄州立大学的恩格尔、科拉特和布莱克维尔合著并出版，教材中提出了消费者决策的最早模式。1969年，哥伦比亚大学的霍华德和谢斯合著并出版了《购买者行为理论》。20世纪70年代以后，西方国家的商业院校中普遍开设了消费者行为学课程。

随着理论和实践的发展，消费者行为研究已形成独立的学科体系，并成为企业制定营销策略、细分目标市场，进行市场定位与营销战略和策略组合的基本出发点。

随着社会生产力、科学技术的飞速发展，影响消费者行为的因素从传统走向革新，有关消费者心理与行为的研究也在不断发展、深化。1969年霍华德与谢斯合著的《购买者行为理论》一书中指出，重要的研究前提是购买者信息不完全、不充分；而互联网和数字媒体的普及，提供了越来越充分甚至完备的信息，即已经进入信息完全的环境中。大数据使了解消费者行为的方法、途径和效果与以前大相径庭，原来高度难解的"消费者黑箱"已经成为大数据可以跟踪分析、预判的"消费者画像"。消费者也因为信息充分而拥有了最大的主动权和话语权，有了截然不同的思考和行为模式。所以，消费者行为学的理论得到不断修正、更新乃至重构，智能技术进一步改变消费者行为学，使其成为走向大数据时代的、信息充分条件下的消费者行为学。消费者行为学作为一门"古老而年轻"的学科，其演化耐人寻味、催人深思。

我国有关消费者行为学的研究是在20世纪80年代中期从西方引入的，在此之前，我国在该领域的研究基本处于空白状态。

改革开放以来，随着传统体制的全面废除和市场经济体制的逐步确立，我国消费品市迅速发育，20世纪90年代中期基本形成以消费者为主体的"买方市场"。与此同时，广大消费者的消费水平、消费结构发生了巨大变化，逐渐由贫困型向温饱型、小康型转化；消费方式由单一化、被动式向多样化、选择式转化。进入21世纪，消费方式变化的一大特点是向市场化转化，突出表现在住房消费、教育文化消费、轿车消费和医疗消费等领域。另外，网络购物、网络消费已经成为一种新的消费方式。

现在，消费者自身的主体意识和成熟程度也远远高于以往任何时期，他们在社会经济生活中扮演着日益重要的角色。正是在这一背景下，我国理论界及企业对消费问题一改以往的漠视态度予以前所未有的热情和关注，关注的重点既有宏观消费现象，又有微观现象。

最近几年，消费者行为学更强调与我国现实市场运行特点相结合，研究不同市场中消费者行为的特性问题。我国一些学者开始从国外引进有关消费者行为的研究成果，近几年随着研究工作的深入，这一新兴研究领域在我国已由介绍、传播进入普及和应用阶段。单从这门学科的名称上看，已由"消费者心理学""消费者心理与行为研究"转变为"消费者行为学"。

二、消费者行为研究内容

消费者行为学是关于如何改善行为的科学。对什么是消费者行为学，国内外学者从不同角度、不同侧面下过许多定义，可谓是仁者见仁，智者见智。消费者行为学是借鉴不同学科的多种研究方法，通过对消费者心理活动及其行为过程的观察、记述、分析和预测，探索和把握消费者行为的规律性，以便适应、引导、改善和优化消费者行为，为政府部门制定宏观经济政策、为企业制定营销战略和策略提供依据和有益经验的一门科学。如同人类行为是复杂多样的一样，消费者行为也是难以完全理解的复杂问题。消费者行为可被看成是由两个主要部分构成的。其一，消费者的购买决策过程。购买决策是消费者在使用和处置所购买的产品和服务之前的心理活动和行为倾向，属于消费态度的形成过程。其二，消费者的行动。消费者行动则更多的是购买决策的实践过程。

在现实的消费生活中，消费者行为的这两个部分相互渗透，相互影响，共同构成了消费者行为的完整过程。为此，不仅需要了解消费者是如何获取商品与服务的，而且也需要了解消费者是如何消费商品的，以及产品在用完之后是如何被处置的。因为消费者的消费体验、处置旧商品的方式和感受均会影响其下一轮购买，也就是说，会对企业和消费者之间的长期交换关系产生直接影响。传统上对消费者行为的研究重点一直放在商品和服务的获取上，关于商品的消费与处置方面的研究则相对被忽视。随着对消费者行为研究的深化，人们越来越深刻地意识到，消费者行为是一个整体过程，获取或者购买商品只是这个过程的一个阶段。因此，研究消费者行为，既应调查和了解消费者在获取商品和服务之前的评价与选择活动，也应重视在商品获取后对其使用、处置等活动。只有这样，对消费者行为的理解才会趋于完整，因此，消费者行为研究主要研究消费者究竟怎样选择、购买、使用和处置商品、服务、创意或经验；研究不同消费者的各种消费心理和消费行为，以及分析影响消费心理和消费行为的各种因素，揭示消费行为的变化规律。

简言之，消费者行为学的研究对象是各类消费者的消费行为及其产生和发展的规律。它吸引了许多领域（从心理学到经济学、从社会学到文化人类学、从历史学到营销学等）研究者的加入，他们共同关注市场中消费者的心理与行为以及他们的相互影响关系，并运用不同学科的知识和方法来解释这些关系。这些学科可根据其关注点的微观程度（个体消费者）或宏观程度（作为群体或更大的社会成员的消费者）加以分类。如果以问题为中心，粗略地说，消费者行为研究内容的历史演进和发展先后呈现出以下四个浪潮。

（1）浪潮A。研究的问题是消费者的实际行为是什么样的（如5W1H），这是实践和市场调研的视角。

（2）浪潮B。从心理和经济角度研究消费者行为，核心问题是消费者如何决策（如态度、偏好、关系和选择），这是实证主义的解释视角，可以理解成消费者行为领域的现代主义理论。实证主义是理性至上的，作为一种重要的补充，后来非理性消费者行为研究受到很多关注，行为经济学和非理性消费者心理与行为成为新的学术选择。

（3）浪潮C。从社会文化角度研究消费者行为，核心问题是文化如何影响消费者行为（如消费文化、消费伦理），这是后现代主义的解释视角。

（4）浪潮D。它是移动互联网时代的数字化消费者行为研究，核心问题是数字智能技术如何改变消费者行为，以及精准了解消费者的新方法，这是高科技的视角。

浪潮A的问题是什么（What），这由来已久。浪潮B的问题是如何（How），大约从20世纪60年代开始形成高峰，并且成为主流。浪潮B的营销色彩最浓，在营销研究中分量很重是心理学和营销学结合最为紧密的地带。浪潮C的问题是为什么（Why），大约从20世纪90年代开始，对其关注的趋势仍在继续。浪潮D带来颠覆性的冲击，着眼于未来的重大新趋势，其问题是如何改变（How to Change）。

三、消费者行为学相关学科

消费者行为学作为一门新兴的、应用性较强的边缘学科，它的成熟与发展必须借助和综合各相关学科的研究成果，博采众长、兼容并蓄而又自成体系。

（一）消费者行为学与心理学

心理学是研究个体心理活动及其规律的科学，包括对需要、动机、知觉、态度、个性的研究等。心理学所揭示的普遍适用的心理规律为消费者行为学的研究提供了理论基础，消费行为学依据这些普遍规律与原理，研究解决市场营销这一特定领域的特定心理活动及规律，运用心理学的基本概念、原理及理论对于理解个体消费者的消费行为有着十分重要的意义。

（二）消费者行为学与行为学

行为学是为解决有关行为的问题，研究个体外部行为规律的一门科学，致力于探索人的活动的外在表现。消费者行为学可以借助行为学中对人的行为及其规律的分析与研究成果，应用于消费者在消费这一特定过程中所表现出的行为现象和行为特征上。

（三）消费者行为学与社会学

社会学是研究社会现象和社会问题，提示其发展变化规律的科学。它侧重于对社会组织、社会结构、社会功能、社会变迁、社会群体等的研究。社会学的一些理论和原理，对于考查分析消费者行为是极其重要的，消费者生活在社会之中，其行为的发生和变化都与社会环境密切相关。

（四）消费者行为学与经济学

经济学是一门研究稀缺资源配置和利用的社会科学。个体消费者的消费行为是整个社会经济活动的重要组成部分，对各种物质资源、社会财富的合理配置与利用是经济学要研究的重要内容。消费者的心理趋向是影响社会资源最终配置的重要因素，而资源的合理配置与否又直接制约着消费者的消费行为。经济学的理论、原理是研究消费者行为学的重要理论基础。

（五）消费者行为学与人类学

人类学是用历史的眼光研究人类及其文化的科学。在人类社会中，人的心理与行为和文化密不可分。在不同的文化背景下，人的消费心理与消费行为也必然会表现出较大的差异。人类学采取的跨文化比较研究的方法，对于考查不同国度下的消费者行为是十分有价值的。人类学关于民俗、宗教等方面的研究，对于分析消费者行为具有直接而现实的意义。

（六）消费者行为学与营销学

营销学是研究市场营销活动的各种任务与功能的合理配合、协调和控制，以满足消费者需要，实现最大利润的科学。市场营销活动是营销学重要的研究对象，市场营销活动必须根据消费者的需要来进行，而消费者行为是市场营销的环境条件。消费者行为学的研究离不开营销学的研究成果和理论支撑。

除上述学科对消费者行为学研究有重要影响外，管理学、广告学、商品学、生理学、哲学、美学等学科的研究成果都对消费者行为学的研究有借鉴意义。消费者行为学处于许多学科的结合点上，各科相互间的渗透与交叉又促进其学科自身的发展与深化。

四、消费者行为研究的市场基础

（一）以生产为中心

19世纪末到20世纪初，当时资本主义经济和技术发展尚比较落后，社会产品供不应求，企业生产大多品种单一，销售也不费力。企业只要将注意力集中在与生产相关的要素方面，如原材料、劳动力、机器设备的购买，增加生产，提高质量，降低成本，企业生产出来的产品就不愁卖不出去，所以无须在推销或消费者身上多做文章。这种"供给创造需求"的态势，正是这一时期的主要特点。因此，这一时期是由消费者适应生产者，消费者处于被动与基本无权选择的地位上，这一时期就被称为"以生产为中心"的市场观念阶段。

（二）以销售为中心

20世纪初至第二次世界大战期间，这个时期各主要资本主义国家，特别是美国，由于生产技术水平不断提高，劳动生产率大幅度提高，市场规模急剧扩大。生产能力的增长速度开始超过市场需求的增长速度，市场上商品急剧增多，此时商品销售状况成了事关企业生死存亡的头等大事。这种市场形势的变化迫使企业把注意力由生产转向销售，这时的消费者由于面临可供选择的商品品种和数量增多的局面，因而在购买商品的时间、地点、方式、款式、品质、数量等方面的自主权日益增大。企业为了大量推销商品开始对推销员的素质进行研究，对消费者的需要和愿望进行调查，消费者行为学便应市场之运，应企业之需萌生了。这一时期，就被称为"以销售为中心"的市场观念阶段。

（三）以消费者为中心

20世纪50年代，各资本主义国家，特别是美国的军工生产迅速转向民用消费品的生产。科学技术日新月异，劳动生产率迅速提高，市场上生产和消费的矛盾越来越尖锐，企业甚至向消费者强行推销产品，但仍不能根本扭转销售困境。因为随着商品种类的日益丰富，消费者的选择性增强，消费水平不断提高，满足生活基本需求的消费支出随着货币收入的增加，其比重不断下降，取而代之的是追求生活的多样化，高层次心理需求所占比重不断上升，消费过程逐渐变成了消费者积极地创造自己、塑造自我、实现自我的过程。消费者的心理与行为取向作为一只"看不见的手"，无形地控制着市场，掌握着企业的生死大权。所以企业为了获得生存和发展，就必须重视研究消费者——从生产领域入手，着眼于流通领域，立足于消费领域，通过满足消费者需求来达到并实现企业目标。在这种情况下，消费者的地位一改往日，被尊为"上帝"，消费者受到企业前所未有的重视。在这个时期，随着研究的深入，消费者行为学不但研究消费者行为的特征，还研究影响消费者行为的复合因素。研究方法更加多样，逐渐成为一门企业经营不可缺少的应用科学，这一时期就被称为"以消费者为中心"的市场观念阶段。

（四）以社会营销为中心

20世纪70年代以来，由于各国政府和人民越来越重视可持续发展问题，在以消费者为中心的市场观念基础上，企业又强调要重视消费者需要、企业优势和社会效益三者的整合与协调。如投资生产某一产品，既要对企业有利，又要能满足消费者需求，还要重视可持续发展。这一时期被称为"以社会营销为中心"的市场观念阶段。

（五）整合营销观念阶段

20世纪90年代中期以来，整合营销观念改变了把营销活动作为企业经营管理的一项职能的观点，而是要求把所有资源都整合和协调起来，努力为顾客的利益服务。以注重企业、顾客、社会三方共同利益为中心的整合营销，把与消费者之间的交流、对话和沟通放在特别重要的地位，这不仅是营销观念的变革和发展，而且也是市场基础的变化，这为消费者行为学的研究开辟了更广阔的天地。

五、消费者行为的研究原则

科学地研究消费者的心理与行为，揭示心理与行为之间的关系、实质、规律、机制，必须遵循以下三个基本原则。

（一）客观性原则

客观性原则就是指研究者要尊重客观事实，按照事物的本来面目来反映事物。对消费者行为学来说，就是要从消费者心理活动产生的客观条件及其表现和作用揭示心理活动发生发展的规律性。消费心理是由客观存在引起的，对任何心理现象，必须按它们本来的面貌加以考查，不能脱离实际去主观臆断。这一原则要求研究者研究消费者在消费行为过程中的心理活动，只有根据消费者的所想所说、所作所为进行研究，才能正确判断其心理特点。

（二）发展性原则

发展性原则就是指运用动态的、连续的观点在事物产生、延续、发展、变化的过程中进行研究的原则。我国的市场发展变化很快，作为市场要素之一的消费者，在市场中的行为也不可能始终处于静止状态或处于某种模式之中，消费者的消费生活（包括消费观念、消费动机、消费结构消费趋向）也在不断变化着。因此，要在发展中去研究消费心理与行为，这要求不仅对已经形成的消费心理与行为做出描述，而且要阐明那些潜在的、新的心理与行为特点。

（三）联系性原则

联系性原则就是指把世界看成是一个普遍联系的网，把其中存在的各种事物和现象作为网上的纽结来进行研究，从而把握事物之间的关系及其相互制约性。这首先是因为影响和制约消费心理与行为的内部、外部因素是相互联系的。例如，企业营销环境的优劣会影响顾客的情绪，顾客的心境制约着他们对环境的体验。其次是因为心理过程和心理状态也是相互联系的。例如，人们对商品的认知是多学科的交叉，这种交叉学科的特点，就要求人们不能孤立地研究问题而是要联系其他相关学科的成果进行研究。

研究消费心理与行为，在遵循上述原则的同时，还要根据研究任务的需要，选择适当的方法。

第二章　消费者行为的影响因素

本章的主要内容是消费者行为的影响因素研究，我们主要介绍了四个方面的内容，依次是文化因素、社会因素、个人因素和心理因素，期待通过本章详细的介绍和分析，能够更加明确影响消费者行为的因素。

第一节　文化因素

一、文化概述

从如何接受如结婚、死亡或节假日等文化事件到如何看待空气污染、赌博和吸毒等社会问题，文化影响着人们看待世界和生活的方式。文化影响是不容忽视的，尽管许多人似乎并未意识到他们崇拜的明星、喜欢的服装款式、食物与装饰选择，甚至是对身材、容貌美丑的看法都受到了文化的影响。在很多情况下人们购买商品，与其说是因为它们的用途，不如说是因为它们的意义，文化是人们用来观察产品的"透镜"。对于消费的选择，如果不考虑其文化背景，有时简直无法理解。许多虚构的动物或人物，如孙悟空、蜘蛛侠、灰姑娘、葫芦娃、喜羊羊，等等，都是文化中的重要人物。事实上，消费者可能更容易认出这些虚构形象而认不出前总理、商界领袖或艺术家。尽管这些形象从未真实存在过，但还是有许多人觉得自己好像"认识"他们，而且他们也确确实实成了产品的有力代言人。2015年《小猪佩奇》被引进中国市场，这只风靡全球的"英国小猪"不仅拥有新浪微博超级话题，还与服装品牌合作推出了联名款服装。

优秀的商品品牌无不蕴含着丰富的文化内涵，文化赋予消费者情感体验，也造就了商品品牌的价值。"七匹狼"品牌创立于1990年，当时创业者一共七人，"七"代表"众多"，而"狼"与闽南话中的"人"是谐音。创业者在研究了国际知名品牌后，想用动物名称作为产品品牌，最终他们认为狼是非常有团队精神并具有拼搏力和奋斗精神的动物，具有机灵敏捷、勇往直前的个性，恰好这些都是企业创业成功不可缺少的因素，最后就以"七匹狼"为品牌名称。"七匹狼"品牌目标群体定位于具有奋斗精神的30—40岁中青年男性群体，品牌的核心价值是"直视挑战、勇往直前"的英雄气概。通过对男性精神的准确把握，七匹狼公司将服装、香烟、酒类、茶品等产业统合在"男性文化"下，并围绕这一品牌文化，对各类产品进行了开发和定位，服装——自信、庄重；香烟——沉重、思索；酒类——潇洒、豪放；茶品—安静、遐想。这种将男性的主要性格特征全部融入企业涉及的各行业中的现象，在我国企业中是十分罕见的。消费者行为并不是与生俱来的，而是后天学习的结果，文化对消费者行为的影响是通过价值规范反映出来的，文化影响消费者的购买行为，因为购买行为反映了消费者从社会中学习到的价值观。在不同的国家、不同的地区、不同的时代，消费者的购买行为有所不同，这是因为，消费本身是种社会化的行为，受到消费者所处社会文化环境的影响。

文化是理解消费者行为的重要概念，可以视为社会的个性，它不仅包括一个群体所生产的物质产品和提供的服务，如汽车、服装、食物、艺术和体育，而且包括它所重视的抽象观点，如价值观和道德观。文化是一个组织或社会的成员共有的意义、仪式、规范及传统的积累。

文化是人类社会特有的现象。"文化"一词来源于拉丁文"culture"，原义是指农耕及对植物的培育。15世纪以来，"文化"一词逐渐引申使用，把对人的品德和能力的培养也称为文化。在中国的古籍中，"文"既指文字、文章、文采，又指礼乐制度、法律条文等，"化"是"教化""教行"的意思，从社会治理的角度看，文化是指以礼乐制度教化百姓。汉代刘向在《说苑》中说："凡武之兴，为不服也，文化不改，然后加诛。"此处"文化"一词与"武功"相对，含教化之意，南齐上融在《曲水诗序》中说："设神理以景俗，数文化以柔远"，其"文化"一词也为文治教化之义。"文化"一词中西的两个来源殊途同归，都用来指称人类社会的精神现象，抑或泛指人类所创造的一切物质产品和非物质产品的总和。

给文化一个准确或精确的定义是一件非常困难的事情，不同的学科对文化有着不同的理解。在近代给文化一词明确定义的，首推英国学者"人类学家之父"爱德华·泰勒。1871年他在《原始文化》一书中提出狭义文化的早期经典学说："据人种学的观点来看，文化是一个复杂的整体，它包括知识、信仰、艺术、伦理道德、法律、风俗。是人类作为一个社会成员所必需的各种能力和习惯的综合整体。"我国权威工具书《辞海》对"文化"的界定：从广义来说，指人类社会历史实践过程中创造的物质财富和精神财富的总和；从狭义来说，指社会的意识形态，以及与之相适应的制度和组织机构。

个人的文化行为受其所归属的文化群体的影响，不同层面文化表现有所差异，见表2-1-1。例如，服饰习惯可能因民族、职业而异；饮食习惯可能因国家、地区而异；性别角色可能因国家、社会阶层而异。消费者行为中的文化主要指的是在一定社会中，消费者经过学习获得的、用以指导其消费行为的信念、价值观和习惯的总和。消费者行为中的文化重点关注和研究的是文化对消费者行为和消费形态的影响，属于狭义的文化范畴。

表2-1-1 文化特征影响下的消费形态

文化	特征	消费形态
向上型	积极	新产品
自由型	喜爱大自然	自然产品，环保产品
个人型	寻找自我	消费个性
团队型	与同伴相同	消费集体化
同情型	同情弱者	忠于实力弱小、便宜的品牌
怀旧型	回忆旧时往日	老牌子，怀旧
重成功型	金钱至上	爱炫耀，贵就是好，品牌

二、文化的特征

（一）后天性

一般自然天生的本能行为并不是文化，文化是经由后天学习而来的。不同地区的人们发展出不同的饮食特色、习惯与形态，甚至开发不同的食材，这些便形成独特的饮食文化。虽然本能的情绪产生是天生的，但是如何来宣泄这情绪则是后天的，不同的文化下有不同的宣泄方式。

一种文化，不是存在于人体的基因之中遗传下来的，而是通过人们学习而得到的。学习有文化继承和文化移入两种类型。所谓"文化继承"，即学习自己民族（或群体）的文化，正是这种学习，保持了民族（或群体）文化的延续，并且形成了独特的民族（或群体）个性。中华民族由于受几千年传统的儒家文化的影响，形成了强烈的民族风格与个性，即使今天在西方文化的不断冲击下，中庸、忍让、谦恭的文化内涵仍是一种重要甚至主要的民族文化心态。这种文化心态表现在人们的消费行为中就是随大流，重规范，讲传统，重形式，这同西方人重视个人价值，追求个性形成了强烈的反差。"文化移入"即学习外来的文化。在一个民族（或群体）文化的演变和发展过程中，很大程度上要学习、引进其他民族（或群体）的文化内容，甚至使其成为本民族（或群体）文化的典型特征。

（二）共享性

由于文化具有共享性，同一文化下的人们会具有相同的价值、信念与生活方式，因此，文化的学习可以使我们的生活更有效率。例如，我们对来自相同文化的人的行为可以有一定程度的预测性，一旦学得某一文化，往往可以适用于很多处在该文化下的人的身上，从而使我们更能适应该文化下的生活。

文化总是根植于民族之中，与民族的发展相伴相生，一个民族有一个民族的文化，不同民族有不同的文化。民族文化是民族的表现形式之一，是各民族在长期历史发展过程中自然创造和发展起来的、具有本民族特色的文化。民族文化就其内涵而言是极其丰富的，就其形式而言是多姿多彩的。常常是民族的社会生产力水平越高，历史越长，其文化内涵就越丰富，文化精神就越强烈，民族性也就越突出、越鲜明。从历史发展的沿革来看，中华民族本身是具有中国文化特质的，或者说，中华民族是以中国传统文化为主流文化的各民族的有机组合体。无论哪个部落、哪个民族，也无论采取何种方式接受中国传统文化，只要从认识中国文化开始，逐步理解、学习、接受、融入，最后热爱中国文化并彻底认同自己是中华民族的一员，都将纳入整个中华文化圈范围内。特别是无论朝代如何变迁，中华文化在传承发展过程中的核心内容在中国大地上始终没有改变。最简单的例子就是汉语一直是各朝各代的官方语言，从而使人们在回溯数千年的文化时毫无违和感。

（三）约束性

文化隐含着某些规范与行为准绳，可以防范在该文化下成员的可能偏差行为，因此，文化能对处于该文化下的社会成员产生某种程度的约束力。例如，由于中国人对家庭与孝道的重视，对于忤逆父母的人会有一种社会舆论制裁的力量，如此便可以对不孝的偏差行为产生约束作用，而这种约束作用的力量往往是其他的社会约束力量所无法比拟的。

（四）调适性

文化是人类对环境的一种响应，当环境变迁时，文化也可能跟着改变。例如，当一个组织或社会面对外来的危机时，往往会冲击该组织或社会的文化，而使其产生某种程度的变迁。

文化不是静止不变，而是不断变化的。尽管文化变化通常十分缓慢，然而文化确实会随着环境变化而变化。当一个社会或群体面临新的问题和机会时，人们的价值观念、行为方式、生活习惯、兴趣等就可能发生适应性改变，形成新的文化。文化变化过程中，新文化模式的形成和引入会受到人们感兴趣的程度和原有价值观念、行为准则的影响。有关研究表明，那些社会成员感兴趣而又与现有价值观念、行为准则决裂程度最小的新事物最容易为人们所接受。如在20世纪初期，在西方人的文化意识中，节省时间的观念并不重，追求悠闲、享乐、安逸、舒适是许多人的信念。但近几十年来，随着商品经济的高度发展和工业化程度的不断提高，人们越来越关心如何节省时间和如何使生活过得更有成效。在节省时间和提高工作效率的新观念支配下，更多的人开始接受方便、省时的产品或服务（如速溶饮料、快餐食品、快速加热设备、快递等），也更愿意到时间效率高的商店去购物。

（五）普及性

我们的日常生活无时无刻不被文化所影响。由上一代传到下一代的习惯和模式，包含着促进同一文化中成员间的相互交往、相互作用的社会实践，社交"规律"本身就是文化的重要组成部分。文化的社会性还在于它满足并适应社会需要，文化通过提供行为准则和规范而维持社会的秩序，某一社会或群体越是坚持某种价值准则，集体对违反这种价值准则的成员进行惩罚的可能性就越大。文化还通过提供基本价值观念，告诉人们什么是对的、好的和重要的；人们也需要知道什么是对的和错的，什么是被期望的，以及在各种不同情势下应该做什么、不应该做什么。因此，文化是满足社会存在和发展需要的重要因素。

（六）层级性

大群体的文化往往影响着其所包含的小群体的文化，例如，企业的文化会受到所处社会和国家的文化的影响。全球性公司设置在不同国家的分公司或子公司，除了保有该公司共同的特色外，往往也会反映出当地国家的文化色彩。

文化是特定社会群体的成员所共同拥有的，每个民族或国家，每个城市，每个企业乃至部落和家庭，都会形成各自的文化，从而相应地产生了民族文化、城市文化、企业文化、部落文化、家庭文化等。就民族文化而言，每个民族在其繁衍和发展中都会形成自己民族独特的语言、文字、仪式、风俗、习惯、民族性格、民族传统与生活方式。例如，英国文化的典型特征是经验的、现实主义的，由此导致英国人重视经验，保持传统，讲求实际。法国文化则是崇尚理性的，法国人更喜欢能够象征人的个性、性格，反映人精神意念的东西。在服装风格上，英国人的时装往往给人以庄重、大方、实用、简练的鲜明印象；法国人的时装则潇洒、飘逸、抽象，具有更高的艺术性。文化差异不仅体现在国别上和不同民族之间，同时也表现在不同种族、地域、宗教、机构以及家庭等不同群体之间，实际上文化确定了不同群体之间的界限。

三、产品中的文化含义

产品、商店和品牌都表达了文化含义。例如，某种品牌的文化含义是与性别和年龄相联系的，如Virginia Slims雪茄是为妇女准备的；Camels香烟是为男人准备的；T恤衫是给年轻人穿的；园艺工具和泻药是给老人准备的。一些产品体现出了某些文化意义，如Cooperstown汇总收集了许多棒球队球衣、夹克和球帽的高质量复制品，其中包括一些已经不存在的球队，如Washington's Senators队，购买并使用这些产品，可以使它们的文化含义得以体现，并可以传达给别人。

不同国家产品的文化含义是不一样的。例如，大多数国家都有自己喜欢的食品，它们代表了重要的文化含义。丹麦人喜欢吃鲜鱼；墨西哥人喜欢吃辣椒；爱尔兰人喜欢喝黑啤酒；法国人喜欢吃乳酪；美国人喜欢吃汉堡包。

当然，并不是一个国家里所有的人认为一种产品、品牌或行为所代表的文化含义都是一样的。例如，一些少年抽烟是为了证明他们会抽烟，而且强调品牌；另外一些少年不抽烟，则表示他们不喜欢被卷入抽烟的行列里。

许多公司并不真正知道其产品的文化含义。例如，1985年可口可乐公司改变了可口可乐的口味，使其变得更甜。新产品刚一投入市场，立即遭到消费者的强烈抗议，成千上万的消费者觉得自己受到了欺骗，他们认为原来的产品具有重要的文化含义，他们反对口味的改变甚至有些人将可口可乐公司告上了法庭，可口可乐很快恢复了原来的口味。

而且，许多产品除了文化含义外，还有独特的含义。独特的含义是由消费者的行为移植入该产品中的。尽管这些含义对每个消费者来说都是特殊的，但产品的内在价值对于影响消费者的取向却是重要的。

如何将产品的文化含义传播给消费者，需要借助一些特定的方式。如仪式，就是消费者对某些文化意义进行创造、肯定、唤起或修改等一系列象征性的活动。例如，美国家庭在感恩节要大吃火鸡，这种方式是要表达他们有足够的能力获得自己所需要的物质财富。

但是，并非所有的表达方式都要像节日餐、毕业典礼或者婚礼那样正式。与之相反，许多表达方式是日常生活中最常见的行为，虽然大多数的消费者没有认识到这一点。消费者研究人员已经开始着手研究消费者日常行为中文化含义的表达方式，但是我们对这方面的知识仍是十分有限的。

下面讨论几种将产品中的文化含义传达给消费者的行为方式：获得、拥有、交换。以后的研究还会发现更多的消费者从产品中获取文化含义的行为方式。

（一）获得

获得产品中的某些文化含义可以通过简单的购买和消费方式传达给消费者。例如，对于得到冰激凌中所包含的愉快、精神放松、劳累工作的回报等文化含义，购买并食用冰激凌就是必须的。其他的获得方式也是非常重要的，例如，喜欢收藏稀有或者珍贵物品（如古董、邮票、钱币、啤酒罐等）的人会有自己特殊的收集方式，他们外出时会像猎人寻找猎物一样，包括穿着特殊的幸运服装。在购买汽车、音响设备或其他商品时所进行的砍价行为，也可以向购买者传达重要的文化含义。对收藏家来说，有些收藏品的美丽和工艺令人叫绝，没有什么比自己拥有它们更令人兴奋的了。

总之，获得方式包括购买、寻找、砍价、收藏等有利于将产品的文化含义传播给购买者的全部行为。

（二）拥有

消费者拥有产品有利于其更好地理解产品的文化含义。例如，新房子的主人也许会邀请亲朋好友来新房子参加庆祝会，看看他的新住处，这个新房子就有了它的文化含义。许多消费者购买了新东西，如汽车、衣服、音响设备，就会向其亲朋好友展示，来确认他们购买的东西很好。

拥有方式还包括将消费者个人的情感传达给产品。例如，养育物品的过程就将个人的情感传达给了物品（每周六都洗车、收藏CD盘、摆弄自行车、花园里锄草）。到后来，这些情感将会传达给消费者，他们会觉得满足、兴奋、骄傲，这种拥有会形成消费者与产品间的亲密关系。

个性也会有类似的作用，买了旧车和旧房子的人会除去旧主人留下的文化符号，而将自己的文化含义渗透进去。例如，消费者会为他的车子买与众不同的配件以使其个性得到展现；重新油漆，更换新壁画、新地毯等也都是使房子个性化的行为。

（三）交换

通过交换可以将某种文化含义传达给消费者。例如，参加宴会时给主人送去鲜花和美酒就是将文化含义作了传达（感谢、感激、慷慨）。人们经常在周年纪念日、生日、特殊的节日（如圣诞节）给别人送礼物，就是要将文化含义传达给接受者。例如，给大学毕业生送一块好手表、一只皮箱或一辆小汽车，就是表达了对其成就的认可，表明了对方的成熟与独立。

四、亚文化的含义与特征

（一）亚文化的含义

亚文化又称为次文化或副文化，是指与主文化相对应的那些非主流的、局部的文化现象，它是在主文化的背景下，属于某一区域或某个集体所特有的观念和生活方式的文化。一种亚文化不仅包含与主文化相通的价值与观念，也有属于自己的独特的价值与观念。亚文化直接作用或影响人们生存的社会心理环境，对消费者的影响力甚至比主文化更大，它能赋予人一种可以辨别的身份和属于某一群体或集体的特殊精神风貌和气质。亚文化有多种分类方法，例如，人种的亚文化、年龄的亚文化、生态学的亚文化等。年龄的亚文化又可分为青年文化、老年文化；生态学的亚文化又可分为城市文化、郊区文化和乡村文化。

亚文化群是指某一文化群体所属次级群体的成员共有的独特信念、价值观和生活习惯，亚文化群是根据人口特征、地理位置、宗教信仰等从同一文化中划分出来的。每种亚文化群都会坚持其所在的更大社会群体中大多数人主要的文化信念、价值观和行为模式，同时，每种文化群都包含能为其成员提供更为具体的认同感和社会化的较小的亚文化。实际上，每个消费者都属于许多亚文化群体，即一个消费者可以属于一个大的、全国性的文化群体的同时也受到多种亚文化分支的影响。

（二）亚文化群的特征

亚文化既有与社会文化一致和共同之处，又有自身的特殊性。由于每个社会成员都生存和归属于不同的群体或集团中，因此，亚文化对人们的心理和行为的影响更为具体直接。亚文化消费者群体有如下基本特点：

（1）他们以一个社会子群体出现，每个子群体都有各自独特的文化准则和行为规范。

（2）子群体与子群体之间在消费行为上有明显的差异。

（3）每个亚文化群都会影响并制约本群体内的各个消费者的个体消费行为。

（4）每个亚文化群还可以细分为若干个子亚文化群。

（三）具体的亚文化群

1. 年龄亚文化群体

不同年龄的亚文化群往往有着不同的价值观念和消费习惯。青年亚文化群喜欢追求新颖、奇特、时尚，乐于尝试新产品，容易产生诱发性、冲动性消费；中年亚文化群承担着家庭生活的重任，同时扮演着家庭消费品购买决策者的角色，所以其消费行为讲求实惠、理性，精心挑选的特征十分突出。另外，人到中年，事业上的成就也要从购买商品或品牌中体现出来。而老年亚文化群比较保守和自信，习惯于购买熟悉的商品，求实求利动机较强。

2. 性别亚文化群体

不同性别的亚文化群有着截然不同的消费心理和消费行为。一般来说，女性消费者对时尚的敏感程度往往会高于男性，她们通常比较重视商品的外观，而男性消费者则比较重视商品的性能和品质；另外，女性消费者对价格的敏感程度也远远高于男性消费者；而在购买方式上，女性消费者通常有足够的耐心，但同时又缺乏决断性。

3. 民族亚文化群体

民族亚文化是人们在历史上经过长期发展而形成的稳定共同体的文化类型，对消费者行为的影响是巨大的、深远的。它以历史渊源为基础，具有基本文化总体特征，又以其自身的较稳定的观念、信仰、语言文字、生活方式等形式表现出来。

4. 地理亚文化群体

地理环境上的差异会导致人们在生活方式、消费习惯和消费特点上的不同，形成地理亚文化群。长期形成的地域习惯，一般比较稳定。自然地理环境不仅决定着一个地区的产业和贸易发展格局，而且间接影响着一个地区消费者的生活方式、生活水平、购买力的大小和消费结构，从而在不同的地域可能形成不同的商业文化。

5. 宗教亚文化群体

不同的宗教群体，具有不同的文化倾向、习俗和禁忌，全世界宗教有佛教、伊斯兰教、天主教、基督教等，这些宗教甚至在不同的国家或地域同时存在。宗教的信仰者都有各自的信仰、生活方式和消费习惯，宗教能影响人们的行为，也能影响人们的价值观。

6. 种族亚文化群体

白种人、黄种人、黑种人都各有其独特的文化传统、文化风格和态度。他们即使生活在同一国家甚至同一城市，也会有自己特殊的需求、爱好和购买习惯，这是以种族渊源及遗传性特征为基础的亚文化群体。不同种族的消费者在体形、肤色、发色等方面的差异，会对消费者产生某些特定的心理与行为上的影响。例如，黑种人和白种人都有其特有的文化风格和态度。

除了以上介绍的亚文化群体以外，用其他变量也可以细分出很多亚文化群体。特别是在现代社会中，消费者的价值观念、生活方式、消费态度总是在变化着，导致新的亚文化群体层出不穷。通过对新的亚文化群体的分析，营销人员可以了解目标市场的需求状况和消费行为特征，从而提高营销策划的目的性和针对性，以取得良好的效果。

7. 亚文化与消费者行为

消费者行为不仅带有某一社会文化的基本特性，而且还带有所属亚文化的特征。与前者相比，亚文化往往更易于识别、界定和描述。因此，研究亚文化的差异可以为企业营销人员提供市场细分的有效依据。例如，地处广州的中美合资亨氏联合有限公司自1985年投产以来，所生产的亨氏系列食品畅销国内市场。其原因在于公司在投产前，先后对我国各城市约2000个不同类型的家庭进行了关于产品外形、口味、价格、何处购买等问题的全面调查，然后据此划分若干细分市场，针对不同地区、不同年龄的婴幼儿情况采取了不同的产品配方。例如，南方儿童患缺铁性贫血、佝偻病的较多，他们在南方市场销售的食品中钙铁含量较同类产品高近三倍；北方儿童缺锌的较多，他们在北方市场销售的食品中增加了锌的含量。

五、消费流行与消费习俗

从消费者角度来看，消费习俗与消费流行是一对矛盾的概念，习俗源于传承，而流行始于变革。但二者也具有一定的相似之处，那就是都是对于行为的模仿，所不同的是习俗是一种对潜意识状态的模仿，也可以说是一种被动模仿，而流行则是一种对主动追随的模仿。

（一）消费流行的含义

在人们的日常生活中，一些具有一定特色的商品，特别是具有外显功能的商品，由于某种原因，在一定地区的一段时间内十分流行，正确把握并利用这种流行将有利于企业最大可能地增加产品的销量，扩大产品的市场占有率。因此，消费流行是一种通过市场反映出来的经济现象，也是在一定时期和范围内，大部分消费者呈现出相似或相同行为的一种消费现象。

（二）消费流行的特征

流行产生的原因往往十分复杂，可能由于科技的进步，也可能是受舆论媒体、影视娱乐业的影响，还可能是由于消费观念、消费环境的变化，但无论是什么原因引起的消费流行，一般都有如下几方面的特点：

1. 突发性和集中性

消费流行往往没有任何前兆，令人始料不及，随后迅速扩张，表现为大批消费者的集中购买。但随着人们热情的减退，流行产品会很快受到冷落。消费流行这种突发性和集中性特点给企业的生产和销售带来困难的同时也创造了机会，准确把握流行趋势有利于企业以最快的速度占领市场从而获取最大的收益，当然，错误的预测也可能给企业带来难以预料的损失。

2. 短暂性

一般来说，人们对某种事物的热情很难持久不衰。因此，绝大多数消费流行注定也是短暂的。从某种意义上讲，流行也就意味着短暂，因为人们对流行商品的追求除了功能的实用外，更主要是获得精神上的满足。因此，追求流行也就是感受新事物，获得新体验，消费者重复购买的可能性不大。

3. 回返性

曾经流行过的商品，经过一定的时间，又可能再度流行，这在商品世界是一种十分普遍的现象。这种情况可能是受到某些因素的诱导，也可能是人们审美观念的复古。例如，前几年电影《花样年华》上映之后带来的旗袍风潮。有一位英国学者曾经这样描述过商品的流行风潮："在产品流行的五年前，人们视该产品为新事物；三年前，如果有人使用，人们会认为是招摇过市，精神不太正常；一年前使用，视之为大胆。流行当年购买该产品是得体的表现，而一年后则略显土气，五年后仍然使用则被认为是老古董，10年后继续使用则会招人耻笑，而到了30年后使用则会被看成新奇、具有独创精神。"这段话精辟地描述了消费流行的回返性这一特性。

（三）消费流行的分类

从现象上看消费流行的变化十分复杂，流行的商品、流行的时间、流行的速度都不一样，但从市场的角度考察，可以从不同角度将消费流行分类如下。

1. 根据流行商品划分

吃的商品引起的消费流行，这类商品的消费流行是由于人们对健康的关注以及口味的变化而引起的。例如，时下红葡萄酒的流行，就因为医学研究表明适量喝红酒有益于身体健康。还有些是攀比心理所引起的，例如，小学生对麦当劳、肯德基的追捧就是这种心理的具体体现。

用的商品引起的消费流行，这类流行大体可反映在两个方面，其一是新产品的消费流行；其二是产品功能改进引起的消费流行。但两种流行产生的原因都是产品所带来的生活的便利和满足。

服饰类商品引起的消费流行，这类商品所引起的消费流行除了本身价值带来的消费者满足程度外，更依赖于其反映出来的时尚理念。前一种流行商品如前些年羽绒服、保暖内衣的流行；后一种体现在色彩、式样、面料的流行，流行的时间短、速度快。

2. 根据消费的地域范围划分

按消费的地域范围可分为世界性、全国性、地区性的消费流行。

世界性的消费流行是指那些流行范围广、受世界上多数国家消费者所关注的商品的流行。例如，健康食品、保健食品的流行，就源于人们对环境问题的关心和担忧；仿古商品的流行，源于人们对古代田园生活情感的留恋。这种流行对于发达国家的社会生产以及消费产生的影响较大，对其他国家而言，这种流行的产生主要来源于两个方面：其一是生产者为了开拓发达国家市场而着力推广此类商品；其二是发展中国家的高消费阶层追求消费流行而模仿发达国家消费者。另外，这种消费流行还在一定程度上受到宗教文化的影响，例如，近年来我国出现的年轻人对西方圣诞节、情人节的重视而引起的节日产品的流行。

全国性的消费流行从范围上来讲是覆盖一国的大多数地区，影响面较为广泛。从总体上看，该类商品的流行速度慢、时间长，受经济发展水平以及消费习惯的影响较大。此类流行一般起源于经济发达的地区和沿海城市，呈波浪形向内地和经济欠发达地区推进，在一些地区形成流行高峰的同时在另外一些地区则走入流行低谷，这种流行态势在服饰类商品上表现得尤其突出。

地区性的消费流行，从现象上看，这种消费流行是最普遍、最常见的。从实质上看，这种消费流行来源于全国性的消费流行，又带有一定的地域色彩，有的则纯粹是一种区域性的流行。对于受全国性消费流行影响的区域性消费流行，其实质上是全国性消费流行在一定地区的放大和强化。而纯粹意义上的区域性消费流行则是流行发源地的消费流行，由于某种原因未能扩展到其他地区就进入了流行的衰退期。

（四）消费流行的规律

对企业来讲，由消费者心理活动促成的消费流行，既是市场营销的机会，又是企业营销的"陷阱"，所以，把握消费流行规律是企业掌握市场动态与方向的重要一环。消费流行与其他社会经济现象一样，有其自身的发展变化规律，主要有以下两个方面的内容：

1.消费流行的地区传播规律

消费流行按其地区范围的大小，可划分为地区性流行、业界性流行、全国性流行和世界性流行几种类型，这些类型所反映的是流行的地域特性。其流行的规律主要表现为：

（1）从发达地区向不发达地区传播。由于消费的基础是经济发展水平，市场商品的多样化促成消费行为的多样性，商品更新换代的速度影响消费行为的转换速度，因此，消费流行总是由经济发展水平较高的国家或地区开始，而后向经济欠发达的国家或地区扩展和延伸。

（2）波浪式传播。消费行为表现为短期内爆发式的向外扩展与延伸，当一种消费流行由发达地区兴起并传播到欠发达地区时，随着欠发达地区流行的兴起，发达地区的流行趋势一般随之下降，又会酝酿新的流行。这种波浪式运动的传播趋势，是源于消费者对原有流行产生厌倦心理的结果，波浪式的传播在时间上表现为继起性，具有从发达地区向欠发达地区顺序转移的基本特点。

我国国内形成的消费流行，一般是从京、津、沪及沿海发达地区开始，逐渐向中部地区转移，而后进入西北地区，或是从中原地区向西北地区波浪式逐渐推移。

2.消费流行的人员结构规律

在实际生活中，各种流行并不是单一的线性存在，而是交叉重叠在一起，互相影响，互相渗透。无论何种消费流行，都是通过一定的方式扩展开来的。归纳起来，消费流行的方式一般有以下三种：

（1）滴流。滴流即自上而下依次引发的流行方式，通常以权威人物、名人明星的消费行为为先导，而后由上而下在社会上流行开来。例如，中山装、列宁装的流行等。

（2）横流。横流即社会各阶层之间相互诱发横向流行的方式，具体表现为某种商品由社会的某一阶层率先使用，而后向其他阶层蔓延、渗透，进而流行起来。例如，近年来，三资企业中白领阶层的消费行为经常向其他社会阶层扩散，引发流行。

（3）逆流。逆流即自下而上的流行方式，它是由社会下层的消费行为开始，逐渐向社会上层推广，从而形成消费流行。例如，"牛仔服"原是美国西部淘金人的工装，现在已成为风行服装。领带源于北欧渔民系在脖子上的防寒布巾，现在则成为与西装配套的高雅服饰。

流行不管采取何种方式，其过程一般由"消费领袖"带头，而后引发多数人的效仿，形成"时尚潮流"。引发流行除了上述榜样的作用外，还有商品的影响、舆论宣传的影响等。

第二节 社会因素

一、社会群体的含义与特征

（一）社会群体的含义

社会群体是人们通过一定的社会关系结合起来进行共同活动和感情交流的集体，是人们社会生活的具体单位，是组成社会结构的一部分。群体规模可以比较大（如几十人组成的集体），也可以比较小（如经常一起上街购物的两位同学）。群体是由一定数量的人结合而成的，但并不是任何一群人都可以被称为群体。

（二）社会群体的特征

1. 一定数量的成员

有一定数量的成员和把他们联系在一起。

2. 有明确的成员关系

社会群体的关系分为两个方面：一方面是个体对群体的关系；另一方面是群体内的成员关系。在群体中，任何成员都有自己的角色和地位，并通过角色和地位与其他成员发生一定的关系。如果没有明确的成员关系，人们不知道自己属于哪一个群体，也不明白自己应有的角色和地位，群体共同生活就无从产生。

3. 共同的目标和一致行动能力

共同的群体意识是指成员对群体的归属感，有了这种情感，成员才能形成共同的评价与意识、共同的欲求和目标、一致的态度和行为，产生共同的心理感受。这种共同性和一致性使群体能够维系，使群体显示出其整体和存在，在共同心理支配下，每个成员都能自觉地表现出与群体一致的行为。

4. 有持续的互动关系

群体成员存在着一定的关系和交往，而且这种关系和交往并不是临时的、转瞬即逝的，而是保持比较长久的互动情感关系。只有经过一定时间的相对稳定的、持续的互动，成员才能相互了解，结成稳定的关系。

5. 有一定的行为准则与规范

群体一旦形成，就需要一定的行为准则来统一其成员的信念、价值观和行为，以保障群体目标的实现和群体活动的一致性，这种约束群体成员的准则就是群体规范。群体规范是群体的一个重要特征，指定了群体成员行为的规则，同时也是群体成员间相互期望的行为的基础。群体规范既可以表现为明确规定的准则条文，也可以是自己形成的、不成文的准则规范。

二、社会群体的分类

（一）正式群体与非正式群体

正式群体是指有明确的组织目标和正式的组织结构，成员有着具体的角色规定的群体。一个单位的基层党组织，大学里的教研室，工厂里的新产品开发小组均属于正式群体。

非正式群体是指人们在交往过程中，由于共同的兴趣、爱好和看法而自发形成的群体。非正式群体可以是在正式群体之内，也可以是在正式群体之外，或是跨几个群体，其成员的联系和交往比较松散、自由。几位经常一起上街购物的邻居，或经常在一起的棋友或牌友就构成了非正式的群体。由于非正式群体没有严格的组织与制度约束，容易形成宽松、自由的信息交流环境。因此，它对消费者行为的影响往往较正式群体更大。

（二）主要群体与次要群体

主要群体又称初级群体，是指成员之间具有经常性的面对面接触和交往，形成亲密人际关系的群体，包括家庭、邻里、儿童游戏群体等。

次要群体又称次级群体，是指人类有目的、有组织地按照一定社会契约建立起来的社会群体。次要群体规模一般比较大，人数比较多，群体成员不能完全接触或接触比较少。例如，各种宗教组织、工会和专业协会均属于次要群体。

主要群体与次要群体最重要的区别是成员之间的接触程度和群体对成员的重要性。在主要群体中，成员之间不仅有频繁的接触，而且有强烈的情感联系，主要群体对个体来说是不可或缺的。

（三）隶属群体与参照群体

隶属群体或成员群体是消费者实际参加或隶属的群体。例如，家庭、学校等。

参照群体是指这样一个群体，该群体的看法和价值观被个体作为其当前行为的基础，参照群体是个体在某种特定情境下作为行为指南而使用的群体。

当消费者积极参加某一群体的活动时，该群体通常会作为他的参照群体。也有一些消费者，虽然参加了某一群体，但这一群体可能并不符合其理想标准，此时，他们可能会以其他群体作为参照群体。虽然消费者可能从属多个不同的群体，但在某种具体情境下，他们一般只会使用一个群体作为参照群体。

三、参照群体的含义与特征

（一）参照群体的含义

参照群体是指个体在形成其购买或消费决策时作为参照、比较，作为行为向导而使用的个人或群体。美国社会学家海曼最先使用参照群体这一概念，用以表示在确定自己的地位时与之进行对比的人类群体，所以，他的参照群体概念强调了能用来与他人进行比较并且解决问题的参照点。后来凯利把参照群体划分为，为了自我评价而被用作比较标准的群体和被当作个体价值观念、规范和态度的源泉的群体，提出了参照群体的规范性营销的观点。

参照群体的规模可大可小，从一个人到成百上千人不等，它的存在方式可以是真实的个人（如名人、运动员、政要），或者是相似的个体（如音乐组合、政党、球队或运动队），也可以是虚拟的形象（如动画明星）。我们大多数人都属于旨趣各异的各种群体，我们还可能希望加入某些群体。当我们积极参与某一特定群体的活动时，它一般会成为参照群体。随着情境的改变，我们会依据另一个群体的规范来行事，于是这个群体又成为我们的参照群体。我们可以随时从属于不同的群体，但是一般说来，在某种特定情境中我们只使用一个参照群体。

（二）参照群体的特征

1.具有一定纽带

群体成员需要一定纽带联系起来。例如，以血缘为纽带组成了氏族和家庭，以地缘为纽带组成了邻里群体，以业缘为纽带组成了职业群体。

2.有共同目标持续相互交往

参照群体的成员之间有共同目标和持续的相互交往，公共汽车里的乘客、电影院里的观众不能称为群体，因为他们是偶然和临时地聚集在一起的，缺乏持续的相互交往。

3.有共同的群体意识和规范

首先，群体成员在接触和互动过程中，通过心理和行为的相互影响与学习，会产生一些共同的信念、态度和规范，它们对消费者的行为将产生潜移默化的影响。其次，群体规范和压力会促使消费者自觉或不自觉地与群体的期待保持一致。即使是那些个人主义色彩很重、独立性很强的人，也无法摆脱群体的影响。最后，很多产品的购买和消费是与群体的存在和发展密不可分的。例如，加入某一球迷俱乐部，不仅要参加该俱乐部的活动，还要购买与该俱乐部的形象相一致的产品。例如，印有某种标志或某个球星头像的球衣、球帽、旗帜等。这其中，参照群体有非常重要的地位。

四、参照群体的影响

（一）成员群体

成员群体是指个体已经享有成员资格的群体，即个体是群体中的一员。例如，相对于亲人这个参照群体而言，我们也是他的亲人；相对于同事而言，我们也是他的同事。根据成员群体的互动和接触的频繁程度分为主要群体和次要群体，根据群体的组织目标分为正式群体和非正式群体。

主要的正式群体是成员之间经常接触，同时成员的地位、作用和权限明确的群体。基层党组织、同班同学、工作单位的同事、工厂里的新产品开发小组，就属于这种群体。次要的正式群体是指成员之间并不经常接触，但有一定组织形式的群体。例如，同学会、校友会、学会、俱乐部等，次要群体规模一般比较大，人数比较多。主要的非正式群体是像家庭、邻里、朋友圈等经常接触的，并且以亲切感来影响消费行为的群体。次要的非正式群体是那些虽然没有强烈的凝聚力，但是能直接影响购买行为的群体。如购物群等。一些研究表明，当一个消费者与其他消费者一起购物时，一般比原来打算的要购买得多。

（二）渴望群体

渴望群体是指热切希望加入，并追求心理上认同的群体。渴望群体根据接触程度分为预期性的渴望群体和象征性的渴望群体。预期性的渴望群体是个体希望加入，并经常接触的群体。例如，对一个公司的普通员工来说，公司经理层就是一种预期性的渴望群体。象征性的渴望群体是个体没有成为其成员的可能性，但接受它的价值观念、态度和行为的群体。例如，运动明星往往是多人仰慕的对象，但终其一生要成为类似运动明星的机会可以说相当渺茫，因此，对这些人来说，运动明星是其象征性的渴望群体。

（三）拒绝群体

拒绝群体是这样一种群体，人们隶属于它，并且经常面对面地接触，但不认同和接受它的价值观、态度和行为。例如，有些人虽然工作与生活在某个社交圈内，作为公司职员而隶属于某个群，但其根本就不认可该群体的一些重要价值观念、准则和行为方式，从而在言举止上表现出一点的"另类"，甚至显得格格不入。另一方面，其又可能出于某种原因（如谋生需要）不能或无法离开这个群体，从而与其他群体成员继续保持一定的联系。

（四）回避群体

回避群体是指人们不愿与其发生联系，并且没有面对面接触的群体；或者有些群体，人们会竭力避开它，与他们保持距离，但其行为会影响我们的群体。例如，黑道"兄弟"、吸毒者，便是扮演着回避群体的角色。由于人们不希望被看作回避群体的一员，因此，会刻意地去回避表现出与该群体相同的行为。例如，我们会排斥回避群体的穿着。

另外，还有一种日渐重要的参照群体，被称为虚拟群体。虚拟群体主要是基于互联网的兴起而产生的新型参照群体，虚拟群体打破了地域限制，大大提高了个人交友的范围，也延展了参照群体的空间疆界。例如，很多聊天室或网站每天都有很多的网友上网互动，这些网站的网友彼此间的互动程度并不输于真实世界中的群体成员的互动，通过QQ、微信之类的聊天软件，很多人从网络上认识朋友，同时也彼此互相影响。

（五）群体压力

任何消费者群体都会对所属的个体消费者心理产生一定的影响，其影响方式是通过具体的信念、价值观和群体规范对消费者形成一种无形的压力或约束力，这种压力即群体压力。受到群体压力时，消费者会自动或被迫按照群体目标和准则调节自己的行为。

群体压力与权威命令不同，它并不是通过由上而下的明文规定强迫个体与群体保持一致，而是通过大多数人的一致意见来影响个体的反应。群体压力虽不具有强制性，却使个体在心理上难以违抗，从而顺从群体并与之保持一致。因此，群体压力对于消费者行为的改变常常比权威命令效果更明显。

心理学家莱维特在《管理心理学》一书中详细地描绘了群体压力产生的过程。他认为群体压力的形成主要包括辩论阶段、劝解说服阶段、攻击阶段、心理隔离阶段4个阶段。

1.辩论阶段

在辩论阶段，群体成员充分发表自己的意见，并耐心听取别人的意见。经过辩论，意见逐渐趋于两派，即多数派和少数派。这时，少数派已经感到某种压力，但他们仍据理力争。

2. 劝解说服阶段

多数派劝少数派放弃他们的主张，接受多数派的意见，以利于群体的团结。此时，多数派已由听取意见转为劝解说服，少数派感受到越来越大的群体压力，有些人因此放弃原来的观点，顺从多数人的意见。

3. 攻击阶段

个别少数派仍坚持己见，不肯妥协，多数人开始攻击其固执己见。此时，个别少数派已感到压力极大，但可能还强顶着。

4. 心理隔离阶段

对于少数不顾多方劝解和攻击仍然固执己见的人，大家采取断绝沟通的方法，使其陷于孤立。这时，个体会感到已被群体抛弃，处于孤立无援的境地，除非脱离群体，否则将处于一种极为难堪的境地。

上述过程在消费者行为中表现为：当消费者对某一问题尚未表达意见和看法时，他在群体压力下有可能做出和大家一致的意见表示。如果消费者已经明确表达了自己的态度，此时如果屈服于群体压力，会使其觉得在公众面前损害了独立性和自我形象，因此，不轻易从众。研究表明，随着自我介入水平的增加，人们不服从于群体压力的倾向，即保持原来观点的倾向也越来越强烈。

五、参照群体的影响方式

（一）规范性影响

规范性影响是指由于群体规范的作用而对消费者的行为产生影响，规范就是群体成员共同接受的一些行为标准。群体的正式规范是写入组织规章的，但组织中大部分规范是非正式的，非正式规范是成员间约定俗成的、要默契遵守的，无论何时，只要有群体存在，不需经过任何语言沟通和直接思考，规范就会发挥作用。规范性影响之所以发生和起到作用，是因为群体规范除了具有为个体提供参照框架的作用外，还具有对个体行为的评价功能。群体规范是要求其成员共同遵循的行为准则，决定了群体成员的行为是否会得到大家的欢迎。表现出符合群体规范行为的个体很可能得到群体的接纳和欢迎；而违反规范的个体将感受到群体一致性的压力，遭到群体的拒绝和排斥，甚至惩罚，从而在心理上产生对偏离规范的恐惧，不得不按照群体规范调节自己的行为。从这一方面来说，改变群体规范，就可以改变个体的行为。

（二）信息性影响

信息性影响是指参照群体成员的观念、意见、行为被个体作为有用的信息予以参考，由此在其行为上做出修正。当消费者对所购商品缺乏专业认识，凭商品外观又难以对商品品质做出判断时，消费者会从各种渠道获取信息，并将那些参照群体的态度与自己的进行比较，他们试图通过将自己所认同的群体联系起来，或通过将自己与所不认同的群体脱离开，来寻求对自己态度和行为的支持。群体成员的使用和推荐对消费者特别具有说服力，群体在这一方面对个体的影响，取决于被影响者与群体成员关系的紧密程度，以及施加影响的群体成员的专业特征。

（三）价值性影响

价值性影响的产生以个人对群体价值观和群体规范的内化为前提。在内化的情况下，无须任何外在的奖惩，个体就会依据群体观念与规范行事，因为个体已经完全接受了群体的规范，群体的价值观实际上已成为个体自身的价值观。例如，某位消费者感到那些有艺术气质和素养的人，通常是留长发、蓄胡子、不修边幅的，于是他也留起长发，穿着打扮也不拘一格，以反映他所理解的艺术家的形象，此时，消费者就是在价值表现上受到参照群体的影响。个体之所以在没有外在惩罚的情况下自觉遵守群体的意见和规范，主要是基于两方面的力量驱动：一方面，个体可能利用参照群体来表现自我，提升自我形象；另一方面，个体可能喜欢该参照群体，或对该群体非常忠诚，并希望与之建立长期的关系，从而接受和内化群体的价值观念。

六、参照群体的应用

（一）名人效应

人们观察行为，于是模仿行为，他人如何行事，决定了自己如何行事。名人效应是指借助一个高知名度、高信赖度的人启发或传递某一种行为。名人或公众人物（如政府要员、影视明星、体育明星、网红）作为参照群体对公众尤其是对崇拜他们的受众来说具有巨大的影响力和感召力。对很多人来说，名人代表了一种理想化的生活模式，正因为如此，企业才愿意支付巨额费用聘请名人推销其产品。研究发现，用名人的广告较不用名人的广告得到的评价更正面、更积极，这一点在青少年群体中体现得更为明显。

根据布朗与菲奥雷拉的研究，名人代言或以名人作为样板示范，原本主要是新兴品牌为了能够接触更多消费者而采用的策略。而在今天，更重要的是要确保名人能够带来适当的影响力（基于影响力指数、Q指数以及在目标市场的受欢迎程度等进行评估）以及名人与品牌本身的契合度。

运用名人效应的方式多种多样。如可以用名人作为产品或公司代言人，即将名人与产品或公司联系起来，使其在媒体上频频亮相；也可以用名人作证词广告，即在广告中引述广告产品或服务的优点和长处，或介绍其使用该产品或服务的体验；还可以采用将名人的名字用在产品包装上的方法等。

（二）专家效应

专家是指在某一专业领域受过专门训练，具有专门知识、经验和特长的人。医生、律师、营养学家等均是各自领域的专家，专家所具有的丰富知识和经验，使其在介绍、推荐产品与服务时较一般人更具权威性，从而产生专家所特有的公信力和影响力。当然，在运用专家效应时，一方面，应注意法律的限制，如有的国家不允许医生为药品作证词广告；另一方面，应避免公众对专家的公正性、客观性产生怀疑。

2008年9月，葛兰素史克在中国上市了首款口腔保健产品——抗过敏牙膏品牌"舒适达"。在舒适达进入中国市场时，尽管葛兰素史克凭借其药企专业形象已在中国消费者心目中形成一定认知，但在高端功效型牙膏领域尚未完全打开市场。舒适达将产品定位于高端市场，希望以"帮助消费者有效缓解牙敏感"的口腔护理专家身份培养品牌信任感。舒适达一直坚持使用葛兰素史克研发人员专业讲述的推广方式，在所有电视广告的拍摄中，舒适达坚持从不准备脚本，亦不引导专家表述，力争建立一个真实的生活化场景，让专家在一个大方向下依照自身的专业和理解向消费者娓娓讲述牙膏的优点。

（三）"普通人"效应

运用满意顾客的证词证言来宣传企业的产品，是广告中常用的方法之一。由于出现在荧屏上或画面上的证明人或代言人是和潜在顾客一样的普通消费者，这会使受众感到亲近，从而使广告诉求更容易引起共鸣。如宝洁公司、北京大宝化妆品有限公司都曾运用过"普通人"作证词广告。还有一些公司在电视广告中展示普通消费者或普通家庭如何用广告中的产品解决其遇到的问题，如何从产品的消费中获得乐趣，等等。由于这类广告贴近消费者，反映了消费者的现实生活，因此，它们可能更容易获得认可。

（四）经理型代言人

自20世纪70年代以来，越来越多的企业在广告中用自己公司总裁或总经理作为代言人。2012年聚美优品发布新版广告，广告由其CEO陈欧主演，广告词"你只闻到我的香水，却没看到我的汗水；你否定我的现在，我决定我的未来；你可以轻视我们的年轻，我们会证明这是谁的时代。梦想是注定孤独的旅行，路上少不了质疑和嘲笑，但那又怎样？哪怕遍体鳞伤，也要活得漂亮。我是陈欧，我为自己代言。"引起无数人的共鸣。一时之间，"陈欧体"火遍大江南北，聚美优品的风头也无人能及，获得很大成功。同样，格力电器董事长董明珠代言格力品牌的形象也令人印象深刻，比如代言的格力空调、格力电饭煲等，还有格力手机的开机画面也是董明珠的个人照片。董明珠说："请代言人费用超千万，宁愿把省下的钱花在制作成本上。很多人都说董明珠的广告自己代言，能不能低调点。我在想请演员作广告，花几千万，未必是一个承诺；而我给消费者承诺，我可以做世界上最好的产品。"

七、社会环境的影响

（一）人口环境因素

构成人口环境的因素有人口总数，人口密度与分布，人口的年龄、性别、职业与民族构成，以及人口素质状况等。

1. 人口总数

一个国家的总人口数与该国人均国民收入水平密切相关，因而对消费者的购买力水平、购买选择指向和消费方式有直接影响。国家统计局数据显示，截至2003年年底，中国大陆人均国内生产总值虽然已经超过1000美元，但在世界各国的排名中仍然居后，这主要就是因为中国总人口数量庞大，占世界总人口1/5，经济总量的增长被人口基数摊薄。我国人均国内生产总值相对较少，意味着人均可支配收入也相对较少，居民家庭的消费内容与消费数量必然受到限制。

2. 人口密度与分布

人口密度与分布状况关系到消费者的消费活动空间是否适宜。一些大城市人口集中，密度过大，出现住房拥挤、交通紧张、环境污染等一系列"大城市病"，已经严重妨碍了消费者的日常生活和消费活动。例如，像北京这样的特大型城市，当地的总体房价几乎是其他二三级城市的4—5倍。过高的房价必然制约购买需求，许多工薪阶层只好"望房兴叹"，合理的人口布局已经成为摆在未来中国发展面前的一个首要问题。

3. 年龄、性别、职业、民族构成

年龄、性别、职业、民族构成等人口统计变量直接影响消费者的需求结构和购买方式。例如，人口老龄化的趋势使保健型消费品的购买量迅速上升，形成了独特的"银色市场"。而职业的差别使人们在衣、食、住、行等方面的消费有着显著不同，通常不同职业的消费者在衣着的款式、档次上会做出不同的选择，以符合自己职业特点和社会身份。受教育程度是人口素质高低的重要标志，随着受教育程度的提高，消费者文明消费、自主消费的意识，以及筛选信息、选择决策的能力也必然相应增强。

我国是世界上人口最多的国家，人口环境因素对消费者行为的影响尤为突出。关注人口环境的变化，对研究我国消费者行为具有极强的现实意义。

（二）家庭因素

家庭是与消费者关系最为密切的初级群体。因家庭的规模、类型及所处生命周期不同，消费者的购买内容、购买意向也会明显不同。在我国，家庭是消费的重要单位，家庭规模对消费产生直接影响。历届人口普查资料表明，我国家庭户均人口20世纪五六十年代为4—5人，1982年人口普查时为4.43人，1990年第四次人口普查时下降为3.96人，2000年第五次人口普查时为3.44人。可见我国家庭规模在缩小，子女同父母分户独居现象迅速增加。家庭规模的缩小导致了家庭数量的扩大，对住房和耐用消费品的需求也随之增加。

我国家庭消费方式正从封闭、半封闭方式转向开放化、社会化方式，即将家庭的部分劳务改由社会上的专业服务部门来完成，以使家庭成员腾出充足的时间，用于学习、娱乐和消遣。例如，在食品消费上，可以直接购买熟食、半成品或干脆在外就餐；在衣着上，更多地购买成衣；在日常家务方面，可以请家庭服务员或社会服务机构代为处理。此外，家庭形式的多样性使消费者的消费行为也呈现出相应的多样性特点。

进入21世纪以来，我国居民家庭消费出现了新的热点，家电、旅游、住房、汽车、信息、教育消费已成为我国居民家庭的重点消费指向。

结合我国的家庭消费特点，可以从消费决策角度将我国家庭消费类型分为以下四种。

1. 重智力倾向家庭

这类家庭注重智力投资，不惜代价订阅大量书刊，购置乐器和家用电脑，注重对孩子的教育和各项技能的培训，使家庭成员具备较好的个人文化素质。

2. 重用品倾向家庭

该类家庭注重购置各种家用电器和设备，把家庭布置得富丽堂皇、舒适大方，以享受现代社会文明，显示家庭的气派和富裕。

3. 重健康倾向家庭

这类家庭注重家庭成员的身体健康，注意卫生和营养，讲究吃穿，注意进行各种有益的文化体育活动。

4. 重爱好倾向家庭

这类家庭成员中有收藏、养花、摄影等爱好，消费支出也比较集中于这些方面。

第三节　个人因素

一、年龄对购买行为的影响

不同年龄的消费者群体，由于生理条件、心理状况和社会关系等差异的存在，往往会形成特有的消费习惯和购买行为。而同一年龄段的消费者群体成员在相互接触沟通的过程中，通过心理和行为的相互影响与学习，容易形成相同或者相似的消费观念、态度与行为。因此，对不同年龄段的消费者群体进行划分，可以从总体上把握不同年龄层次的消费者在购买行为上的一致性和趋同性，对企业营销战略的实施具有重要的作用。

（一）少儿购买行为影响因素

青春期的消费者群体正处于生长发育的高峰，心理和生理都在发生显著的变化，依赖与独立、幼稚与成熟、主动与被动的思维和行动方式并存。他们在经济上和生活上无法摆脱对父母的依赖，同时又希望有自己独立的生存空间，这一时期消费者群体的心理与行为特征主要表现在以下3个方面：

（1）成人心理逐渐加强，社会角色由儿童向青年转化。青春期的少年消费者自我意识显著，抽象思维和逻辑思维能力得到提升，渴望被认知和尊重的情绪强烈，主观上会产生一种长大成人的意识，应该像成人一样拥有权力和地位，并期望自己像成人一样完成各种社会义务，独立处理自己的生活。这一时期的消费者不希望自己的学习、交友和生活过多地受到家长的束缚和干涉，所以他们会越来越多地按照自我意愿独立地选择商品。尽管有时会与家长的意愿产生矛盾，但是他们中的大多数仍然会坚持自己的观点。

（2）购买倾向趋于稳定，行为方式由无意识向有意识转化。少年期的消费者，对社会环境的认知不断加深，知识和阅历更加丰富，兴趣爱好相对稳定，逐渐对某些商品形成了明显的个人偏好。随着购买次数的增加，消费者的感性经验逐步向理性认识回归，对商品的判断、分析和评价能力增强，开始有意识地选购某些商品，购买倾向趋于稳定，购买动机与现实条件的吻合度有所提高，品牌意识开始形成。

（3）受影响的范围扩大，受影响的重心由家庭向社会转化。儿童消费者个人能力和活动范围有限，没有办法改变自己所处的环境，对商品的选购主要来自家长的指导和评价。少年消费者活动领域拓展，学习活动和集体活动的机会增加，受社会环境影响的比重上升。他们对新产品、新事物、新知识等拥有强烈的好奇心，更加关注老师、同学和朋友对某种产品的评价，也对电视、报纸、杂志等大众传媒的信息十分感兴趣，跟风现象严重。比如，热捧某个走红的影视明星或体育明星，争相购买其代言的或者与之相关的产品，而家长可能对此一无所知。

（二）青年消费者购买行为的影响因素

1.青年消费者的群体特征

青年是处于少年向中年过渡这一时期的人，目前对于青年的概念，不同的国家和国际组织有不同的标准和分类，因此还没有形成统一的界定。根据消费者购买心理和行为的相似性，这里将15—34岁的青年消费者作为研究对象。青年人的体力、智力已经发育完全，消费心理趋于理性，消费需求复杂多样，在物质消费得到满足的基础上更加注重精神消费。除了具有一般消费者群体特征之外，青年消费者群体还具有明显的自我特征。

（1）人数众多，群体庞大。根据2005年全国1%人口抽样调查主要数据公报显示，中国15—34岁的青年人口约为4.3亿人，占全国人口的34%，消费人数众多，消费能力巨大。

（2）分布广泛，流动性强。青年消费者分布在不同的地区和行业，消费市场巨大。由于升学、就业等原因，青年消费者流动频繁，这种人口流动会给交通、住房、食品、服装等产业创造市场机会。另外，流动人口会将原住地的一些风俗习惯和消费方式带入新住地，同时又会受到当地情况的影响，消费观念和文化相互吸收和融合。

（3）消费能力强，购买潜力大。进入青年时期的消费者，特别是参加了工作的青年，有了经济收入，具有很强的支配能力，加之青年人储蓄意识淡薄、家庭负担较轻、消费需求巨大，因此，这一群体成为社会商品购买力的重要组成部分。

（4）决策性强，影响力大。青年消费者在购买商品的过程中具有较强的自主意识，能够独立决策和独立执行，不需要他人过多地参与。由于青年人的社会地位、消费心理和个性特点等因素，使他们的消费行为具有很强的影响力和扩散力，他们的购买观点和意见通常会影响到家人、同事和朋友的购买决策。

（5）观念新颖，意识超前。青年人是一个求新、求变的群体，他们富于幻想、喜欢猎奇，往往是新、奇、特产品的最先购买者和使用者，能够引领消费潮流。同时，青年人也是提前消费观念的倡导者，用未来的收入提前实现购买愿望，如贷款买房、买车、买家用电器等。

2.青年消费者的心理特征与购买行为

青年人思维活跃、充满激情，正处于不稳定的少年期向稳定的中年期过渡的阶段，随着他们生活经验和社会阅历的丰富，消费心理和购买行为趋于成熟与稳定，但富于挑战的冒险精神使他们有着区别于其他消费群体的自我特征。

（1）追求时尚与现代。青年人热情奔放、善于思考、热爱生活，对未来充满希望和幻想，强烈的好奇心和丰富的想象力使他们愿意接受并尝试新鲜事物。随着报纸、杂志、电视、网络各种信息传播媒介的普及，青年人往往在第一时间获得新鲜资讯。加之公众人物的示范效应，他们对潮流会有独到的见解，选择商品时力求突出新颖与时尚，拒绝落伍。青年人擅长沟通与交流，他们在尝试新产品或者服务以后，愿意把自己好的或不好的感受告知朋友、同学或同事，从而干预他人的消费心理与购买行为。作为消费趋势的追随者和引领者，时代气息最能从青年消费者身上体现出来。

（2）突出自我与个性。随着青年人思想意识的成熟和经济能力的独立，他们的自我意识逐渐彰显——穿衣打扮、语言行为都尽量体现自我的个性内涵，要求与别人有所区别，尽量与众不同。他们选择商品时，希望通过某些自己偏爱的颜色、款式、商标或品牌等表达自己的审美情趣和独特风格，在满足自我认知的基础上得到他人的认可。

（3）注重情感，易冲动。青年人对外界环境的变化十分敏感，他们的消费心理和购买行为容易受到客观环境的影响，从而改变其最初的购买决策。青年消费者在选购商品的过程中，当情感和理智发生碰撞时，他们总是更加偏重情感，以至于冲动性购物行为频频发生，其中也不乏后悔的消费者。凭直觉选择商品的习惯往往使他们难以对产品作出客观公平的判断，而恰巧某种产品的款式、颜色、造型迎合了青年消费者的兴趣，或者偶然碰到某个促销活动，激发了他们的购买欲望，从而改变其购买计划。

（三）中年消费者购买行为影响因素

按照我国的传统习惯，一般将年龄在35—60岁的人称为中年人。作为社会的中坚力量，他们思想成熟，生活经验丰富，社会阅历广泛。中年消费者无论在家庭还是在社会中都具有举足轻重的作用，是最主要的经济来源。但同时，他们的社会负担和家庭负担也相对较重，在商品的最终选择上往往承担着决策者的任务，他们的消费心理和购买行为主要表现在以下3个方面：

1. 注重计划，不易冲动

大多数中年消费者都是上有老、下有小，他们承担着养家糊口的重任，经济负担较重，长期的艰苦奋斗使他们养成了勤俭持家、量入为出的好习惯。他们的消费心理成熟而稳定，购物通常具有理智性和计划性，往往会权衡利弊、三思而行，所以，很少出现像青年消费者那种草率、盲目的购物行为。

2. 注重便利、讲究效率

中年人的工作和事业往往处在人生的鼎盛阶段，他们不但要悉心照顾老人和孩子，还要为处理工作中的各项事务耗费大量的精力和体力。为了协调家庭和工作的关系，减轻劳动强度，节省劳动时间，他们十分注重商品的便利性，因此，使用方便、操作简单、持久耐用的消费品十分受中年消费者的青睐。

3. 注重实用，追求划算

商品的价格、质量、外观造型相统一是刺激中年消费者购买的主要动因，新颖、时尚已经不是他们考虑的主要因素。相比之下，他们更加注重商品的使用价值和实际功效，华而不实的商品几乎对他们没有任何吸引力。

（四）老年消费者购买行为的影响因素

年龄在60岁以上的人口构成了老年消费者群体，2005年全国人口抽样调查主要数据显示：我国老年人口的比例已经达到了11%。这说明我国已经正式步入老龄化人口国家。由于老年人心理结构的演变和身体机能的下降，使他们在衣、食、住、行方面的消费都更加突出了年龄的特点。随着经济社会的发展和人们生活水平的提高，老年人的消费观念也发生了明显的变化，他们除了满足饮食、保健、医疗等基本生理需求的消费以外，对旅游、娱乐等精神产品的消费也十分热衷。面对庞大的老年消费者群体，商家有必要了解其消费心理和购物行为，以便充分挖掘这一"银色市场"的巨大潜力。

1. 需求结构发生变化

当消费者进入老年以后，吃的、用的都会发生比较明显的变化。他们新陈代谢变缓，能量消耗减小，对一般食品的消费减少，但对保健品、药品的消费则会明显上升，同时，要求所买食物松软、富含营养、利于消化吸收，有利健康等。他们不像年轻人喜欢时尚，老年人对服装、鞋帽等用品的要求主要是舒适、柔软、便于穿着，而且他们的服装鞋帽通常可以使用很多年，因此，这方面的支出会明显减少。另外，老年人喜爱祥瑞，他们希望自己能够无病无灾、幸福安逸地享受晚年，所以，与健康长寿有关的产品总能成为他们的首选。

2. 忠于品牌，相信经验

随着年龄的增长，老年人的适应能力和学习能力在逐渐下降，丰富的生活经验和延续的思维习惯使他们忠于自己喜爱的"老商标""老字号""老牌子"，不会轻易作出改变。思想相对固执保守，缺乏对年轻一代的信任等因素使老年消费者很难接受新鲜事物，不愿意尝试和冒险。

3. 渴望得到尊重，怀旧情绪明显

作为家庭中的长辈、社会中的长者，老年人希望自己在家庭和社会中能得到悉心的照顾和良好的尊重，不愿意遭到疏忽和冷落。在选购商品或者服务的过程中，他们希望服务人员能够对商品作出周详细致的介绍，谦虚礼貌、态度亲切，言语和行为中都体现出对老人的尊重。怀旧是人到老年的一个明显特征，他们对过去美好的事物和经历总是不能释怀，那些"发思古之幽情"的商品通常能引起他们的共鸣。

4. 补偿消费，弥补空白

补偿性消费可以视为一种心理消费，其性质是一种心理不平衡的自我补偿。当人们将现在的消费水平与过去的消费水平进行纵向比较，会发现生活中某一方面的遗憾和不足，于是就出现了补偿消费，其目的是弥补空白。受到当时经济条件的限制，现在很多老年消费者在年轻时物质生活和精神生活都十分乏味，所以，他们希望在自己收入增加或是在儿女的支持下可以弥补过去的遗憾，比如，老年人补拍婚纱照、出国旅游等。

二、个人生理因素对购买力的影响

生理因素是指消费者的生理需要、生理特征、身体健康状况以及生理机能的健全程度等。生理学与解剖学的研究表明，人类的生理构造与机能是行为产生的物质基础。任何行为活动都是以生理器官为载体，并且在一定的生理机制作用下形成的，消费行为亦是如此。因此可以说，消费者的每一个行为都是以生理活动为基础，并通过生理机能的整体协调运动来产生和完成的。

（一）生理需要

在影响消费者行为的各个生理因素变量中，生理需要是对消费者行为影响最为直接的自变量。心理学上所说的"需要"，是指客观刺激物通过人体感官作用于人的大脑，而引起的某种缺乏状态或未满足的主观感受。这种主观感受会引起人的不适或紧张，并促使人们千方百计地去缓解或克服这种不适和紧张。例如在炎热的夏季，当人们大汗淋漓、口渴难耐时，首先会想到通过喝水的方法来缓解这种不适的感觉。

人的需要是多方面、多层次的，而其中生理需要是这些需要中最根本、最朴素的。所谓生理需要是指人们在衣、食、住、行、休息、健康、性等方面的要求。生理需要是人类为维持自身生存和繁衍后代所必须满足的基本需要。可以说，满足自身生理需要是人类一切行为活动的最初原动力，也是消费者行为的首要目标。在人们进行的形形色色的消费活动中，消费者只有首先从事对衣、食、住、行等基本生存资料的消费，使生理需要得到满足，然后才有可能进行旅游观光、娱乐休闲、文化教育、智力开发等享受和发展资料的消费。此外，人类的生理特点决定了生理需要本身具有延续性的特征，它是循环往复、重复发生的。因此，消费者为满足生理需要而进行的消费活动也是没有止境，永远不会终结的。从这个意义上来说，生理需要对消费者行为起着主要的支配作用，同时也构成了消费活动的基本内容。

生理需要的具体内容和形式并非一成不变。随着经济的发展和社会制度的变迁，它也会呈现出不同的特点。例如，同样是"民以食为天"，原始人满足五谷杂粮、茹毛饮血的饮食，而现代人需要的是低脂肪、高蛋白、富含维生素的有营养的食品，所消费的食品要具有9个特征，又称9F，即健康（Fitness），高纤维（Fiber），快速反应（Fast），新鲜（Fresh），功能分装（Function），趣味（Fancy），外国风味（Foreign），可玩的（Fun）和著名商标（Famous）。可见，同样是满足吃的需要，不同时代存在很大差异。

（二）生理特征

生理特征具体包括人体身高、体形、外貌、年龄、性别等方面的外在特点，以及耐久力、爆发力、抵抗力、灵敏性、适应性等方面的内在特性。这些生理特征是先天遗传的结果，同时也受到后天环境的影响。生理特征的差异可以引起不同的消费需求，从而会导致不同的消费者行为活动。需要指出的是这些特征并非孤立地影响消费者的行为，更常见的是以组合因素的形式对消费者行为产生影响。

1. 身高、体形

就人的身高、体形等身材特点而言，其差异对消费者的影响是显而易见的。以服装选购行为为例，有的人身材魁梧、体形肥胖；有的人身材矮小，体形瘦弱，他们所表现出来的购买倾向就有很大差别。首先，在服装尺寸的选择上，毫无疑问，前一类人选择的服装尺寸较大，后一类人选择的服装尺寸相对较小；其次，在颜色的选样上，前者多会选择深色服装，如黑色、蓝色、绿色、灰色等冷色调，以使肥胖的体形显得瘦一些，而后者多会选择浅色或色彩强烈的服装，如白色、淡黄色、橙色、红色等暖色调的衣服，以便显得体形高大强壮一些。另外，身材高大、体形肥胖的消费者对食物等消费品的摄入量和花费比身材矮小、体形瘦弱的消费者通常要大得多。

由于人种的差别，不同国家、不同地区之间消费者体形的差异也引发了不同的消费需求。

2. 相貌

相貌包括五官、皮肤、毛发等组成要素。消费者受自身相貌特征的影响，往往会进行一些带有个性化倾向的消费活动。所谓"爱美之心，人皆有之"，眉清目秀、五官端正的消费者一般不会参与诸如矫形、整容等特殊的消费活动。五官的大小，位置高低的差异也会驱使消费者做出不同的消费行为选择。例如，西欧人喜欢使用斜口瓷杯，这是由于西欧人大多是高鼻梁，每当用平口瓷杯喝水时，杯子里的水还没喝完，鼻子就与杯口"碰架"，而斜口瓷杯则能恰好避免这一尴尬。

皮肤的类型、颜色对于消费者选择个人清洁用品和化妆品、护肤用品具有决定性的影响。人的皮肤根据皮肤皮脂分泌的多少，可分为干性、油性、中性、混合性及过敏性皮肤等几种类型，消费者会根据自己皮肤类型的特点，选择使用不同的清洁用品和化妆品、护肤用品来进行美容或皮肤的保健。另外，皮肤的颜色也决定了消费者对化妆品的选择。黄皮肤的东方人喜欢具有皮肤增白效果的化妆品，而西方白种人更倾向于使用可以使皮肤显得健康黝黑的化妆品。

毛发由体毛和头发组成。体毛浓密，生长过多的消费者出于维护自身形象的考虑，可能会购买消除体毛的产品。而头发的长短、颜色与发质状况，也会影响消费者对护发用品的选择。

三、性别差异对购买行为的影响

（一）女性的购买行为

在我国，女性市场是一个潜力巨大的市场。她们人数众多，购买力也很大，她们不仅购买自己所需的消费品，而且也是家庭日常消费品的主要决策者和购买者。同时，女性消费者的传播能力、表达能力和感染能力都很强，因此争取女性消费者对提升企业的销售是非常重要的。虽然女性的购买行为会随着收入、职业、年龄和文化素质等因素的不同而变化，但她们之间仍存在具有普遍指导意义的购买特点。

1.购买行为具有浓厚的感情色彩

女人天生感情丰富，心境变化剧烈，富于幻想和联想，反映在选购商品时表现为易受感情左右。宣传广告、商品包装以及橱窗布置陈列都容易对女性产生吸引力，唤起她们的好感。有的女性会对某种商品一见钟情，爱不释手；有的则会因未能买到某一个喜爱的商品而懊恼不已。同时，女性在购买时的联想力也是惊人的，除把自己摆进去外，往往把丈夫、子女、父母以及兄弟姐妹也包括进去，因此商品的促销，如能给予女性以夫妻情感、母爱方面的诉求（例如宣传剃须刀使男性常葆青春；宣传儿童服装使孩子像盛开的花朵，是母亲的骄傲），则促销效果要比直接地吹捧产品更佳。

2.购买行为易受外界因素影响

女性在购买过程中不仅受到对商品感情因素的影响，还易受购买现场气氛、营业员服务态度及他人购买行为的影响。这是由于女性的购买动机不如男性稳定，起伏波动较大。她们往往会对某件商品的购买与否举棋不定，此时她们就需要参考外界的因素来支持或改变自己的决策。心理学研究表明，女性比男性更易接受外界宣传和群体压力，进而改变自己的态度和行为。表现在消费实践中，当面临自己不熟悉的商品或差异性不大的商品时，往往更多依赖于他人的消费经验来做选择。

3. 求美的个人消费

亮丽的肌肤、优雅的身材是女性的一个永恒追求的主题。即使是到了中年，她们也总希望自己风韵犹存，气质不凡。姑娘们花在穿戴、装饰上的钱远多于小伙子们，漂亮、新颖服饰的巨大吸引力常常会使她们怦然心动。化妆品柜台前流连驻足的女性多半抵挡不住各种名牌化妆品的诱惑。金银、真皮背包也总是许多青年妇女的必备之品。而出于对身材、体形的关心，女性对那些低脂肪、低胆固醇的食品，减肥、抗衰老的保健品也保持着最密切的关注。

（二）男性的购买行为

据悉，我国20岁以上的男子有3亿人之多，是一个庞大的消费群体。据统计，男性目前为自己做的消费投资量是10年前的10—15倍，消费内容无所不包，男性消费品每年的生产和销售都以一个惊人的数字增长。同时，随着男女社会地位的日趋平等，男性承担家务的份额越来越大，男性在家庭用品购买上的作用与影响今非昔比。再加上男性消费心理与女性消费心理有很多不同，都使我们不能忽视对男性购买行为的研究。

1. 购买行为具有被动性

通常情况下，男性在料理家务，照顾老人、小孩方面不如女性，加上公务繁忙，所以购买活动也远不如女性频繁，比较被动。许多时候，购买动机的形成往往是由于外界因素的作用，如家人的嘱咐、朋友的委托、工作的需要。纵然是自己所需的日常用品，也是直到手头没有了，才匆匆赶去购买，购买的主动性、灵活性都比较差。我们常常看到，许多男性顾客在购买商品时，事先记好要购买的商品名称、规格等，如果商品符合他们的要求，则采取购买行动，否则放弃购买。

2. 购买力求果断、迅速

一般来说，男性具有较强独立性、自尊心和自信心，这些个性特点也直接影响其购买行为，表现为决策果断，而不似女性那样思前想后、反复斟酌和比较。即使是处在比较复杂的购买情况下，如当几种购买动机发生矛盾冲突时，男性也能够果断处理并做出决策。同时，我们注意到许多男性消费者在购买过程中不愿斤斤计较，以免失去男子汉的风度。他们很少讨价还价，也较少有耐心去精心地挑选和详细地询问，即使拿到稍有毛病的商品，只要无关大局，他们也懒得为此与商家理论是非，一争高下。

3. 购买行为理性化

男性消费者在购买商品上重于理智动机，感情色彩相对淡薄，在购买活动中心境变化也不如女性强烈。他们善于从总体上评价商品的优缺点，注重商品的质量、功能及特性等方面，而女性有时往往只凭对颜色、式样的直觉而形成对商品的好恶。男性的理智在购买贵重、耐用消费品的过程中表现尤为突出，他们通常会在购买前作出一番调查以丰富自己的商品知识。犹豫不决的心理状态只发生在购买之前，一旦形成决策，则会坚定购买目标，而较少受旁人议论、广告宣传和环境气氛左右，并且一旦买下之后也少有退货现象，这一点在中年男子身上表现得尤为明显。

第四节 心理因素

一、消费者的感觉

人们生活在一个信息激增的时代和一个感觉刺激泛滥的世界中，每时每刻，人们都被各种色彩、图像、气味、声音包围。这些刺激，有些是消费者不得不被动接受的，如广告。有些是消费者主动去寻找的，如旅游。面对刺激，人们会有意无意地作出各种选择。由于每个人都有自己的需求、欲望、价值观和生活经历，人们根据这些形成自身的认识，选取与自己的独特经验相符合的刺激，结果往往与营销者的预期大相径庭。因此，市场营销者有必要理解知觉和感觉的相关概念，以便确定影响消费者购买的因素。

感觉是指感受器（眼、耳、鼻、口、指）对光线、色彩、声音、气味等基本刺激的直接反应，感觉的整个系统包括感觉器官和刺激。感觉器官是指接受刺激的受体，如眼、耳、鼻、嘴、皮肤等，是人体的物理特征，个体通过感觉器官感知外界刺激以产生感觉。人们生活在一个感官刺激泛滥的世界，不管是烤肉的味道、令人胃口大开的餐厅广告、还是雨打芭蕉的声音，在任何地方，人们都会被各种色彩、图像、声音、气味包围，还会有酸甜苦辣、软硬冷暖的各种体验与感觉。这些刺激有些是来自大自然的，如花朵的芬芳；有些是来自人的，如香水的味道；营销者当然也是这支混乱的"交响乐"的演奏者之一。刺激指的是非内在的感觉输入，在营销领域具体指的是产品、包装、品牌、广告和商业促销等。

比如"我们不生产水，我们只是大自然的搬运工"的广告语就是一种直接指向消费者的广告刺激。

市场营销者在制定营销方案时需要了解感觉的三个特性。

（1）消费者的感觉认识的是产品或服务的个别属性。

（2）消费者感觉到的事物必须是直接作用于感官的。如果某件产品不在眼前但他人提起时你能知道，则不属于感觉。

（3）消费者的感觉是基于人体脑部认识，如果脱离人脑这个物理属性，人们就无法对事物进行加工，也就谈不上感觉。例如服装，人们用眼睛看就可以知道它是由布料构成的，有各种各样的颜色与厚度。这些都是人们通过视觉以及触觉所感知到的，属于感觉。

如果你曾经吹过狗哨，观察过宠物对你听不到的声音所作出的反应，就不会对人感受不到某些刺激感到奇怪。心理学上用"感觉阈限"来衡量感受性的强弱，其是指能引起感觉并持续一定时间的客观刺激量。任何超出感觉阈限的刺激都不能引起人的感觉，感觉阈限与感受性之间成反比关系，感受性和感觉阈限都有两种形式，即绝对感受性和绝对感觉阈限、差别感受性和差别感觉阈限。

（一）绝对感觉阈限

绝对感觉阈限是指刚刚能引起感觉的最小刺激量，绝对感受性是指对最小刺激量的感觉能力。个体对某个刺激是否觉察到的分界点就是个体对那个刺激的绝对感觉阈限，只有超过绝对阈限的刺激，人们才能感觉到它的作用。比如一般人眼可见光谱为400—760纳米，声音感受频率为20—20 000赫兹。在高速公路上，警示牌就要根据人视觉的感觉阈限来设置，如果警示牌过小，只有当人走近的时候才能看清，那么就很难及时作出反应，有时甚至会导致意外事故的发生。当然每个人的绝对感觉阈限是不同的，同样的刺激，有的人能有感觉，有的人则没有，而且在连续的刺激下，人们的绝对感觉阈限会提高，若持续看广告，开始可能会被吸引，但时间一长就会觉得枯燥无味。因此，在安排广告时，通常先播放的会给人们带来更强的感觉刺激。

（二）感觉适应

重复播放广告会使人们的绝对感觉阈限提高，会导致人们产生感觉适应。感觉适应是众多营销者着力解决的问题，如今人们的生活中充斥着大量的信息，如何脱颖而出便成了营销者和广告商的着眼点。为了能在众多广告中生存并吸引大众的眼球，市场营销者逐步扩展营销方式，不再以播放单一的视觉广告为主要手段，见表2-4-1。

表2-4-1　新型的提高消费者感觉输入的营销

方式	描述与举例
体验营销	为消费者提供试用产品的机会，如小米公司在"小米之家"体验店中放置小米无人机、小米平衡车、智能音箱、扫地机器人样机，供消费者随意使用，并附加店员的讲解，能够使消费者快速认识产品，刺激消费需求
产品试用	这种营销方式与体验营销很相近，主要应用在食品上。如家乐福、新华都等卖场，会设置固定试吃点，将产品制作成小块供往来的消费者品尝
植入广告	也称为品牌植入，即在电影、电视或者晚会上使用某品牌的产品，如在电视剧《都挺好》中，所有角色全部配备小米手机，还出现了小米电视、米兔抱枕和小米之家等，并且主角的手机铃声也是小米的默认铃声，就连"柳青"的女友都叫小米
埋伏广告	将广告置于消费者无法回避的地方，例如，停车场出入口的挡板上，超市的购物小票上，大卖场的购物袋上等

（三）差别感觉阈限

两个同类的刺激物，其强度只有达到一定差异时才能引起差别感觉，即人们能够觉察出其差别，或把其区别开来。例如，把150克砝码放到手上，若再增加1克，人们不会感觉到其质量有所增加；增加5克以上，人们才会感觉到其质量的增加。这种刚刚能引起差别感觉的刺激的最小差异量称为差别感觉阈限或最小感觉差限。19世纪德国著名生理学家和心理学家E.H.韦伯指出，对于两个刺激的差别感觉阈限并不是绝对量而是与第一次刺激的强度密切相关，即第一次刺激越强，第一次的刺激需要更强才能被感知。例如，鸡蛋价格从每斤5元上涨到7元和食用油从每桶50元上升到52元，虽然上涨量均是2元，但给人们的感觉相差很多。鸡蛋价格上涨2元带来的是市场的疯狂抢购，而食用油上涨2元，市场反应并不会特别剧烈，甚至是毫无反应，这种现象证明了差别感觉阈限与首次刺激有密切的关系。

以上这种现象被韦伯发现，被称作韦伯定律。韦伯定律是表明心理量和物理量间关系的定律，即感觉的差别阈限随原来刺激量的变化而变化，而且表现为一定的规律性。韦伯定律在市场营销中有着广泛应用，市场营销者为了让消费者降低价格变动的刺激，主要从下面两个方面出发。

1. 降低负面改变对消费者的心理影响

负面改变主要指的是产品质量的降低或重量的减少，价格的上升。为了减少负面改变对消费者心理的刺激，市场营销者通常采用减少产品容量但不改变价格的方式。如舒肤佳沐浴露的容量从750毫升减少到720毫升但价格不变，所以一般消费者很难发现这一改变。

2. 提高正面改变对消费者的心理刺激

营销者在产品提价过程中会同时提高包装的质量，让消费者感觉这种改变是良性的，虽然价格提高了，但产品质量提高或者数量的增加覆盖了价格上涨的负面情绪，并且会使消费者对产品提价感觉良好。有时市场营销者在促销过程中往往会提醒消费者产品的差别，如"加量不加价"等广告语就是为了让消费者对产品的变化予以关注。

二、消费者需要的分类

（一）根据需要的起源划分

生理需要是消费者为维持和延续生命，对于衣、食、住、安全等基本生存条件的需要，这种需要是人作为生物有机体与生俱来的，是由消费者的生理特性决定的，因而叫生理需要。

心理需要是消费者在社会环境的影响下，所形成的带有人类社会特点的某些需要。例如，社会交往的需要、对荣誉的需要、自我尊重的需要、表现自我的需要。这种需要是人作为社会成员在后天的社会生活中形成的，是由消费者的心理特性决定的，因而叫心理需要。

（二）根据消费需要的市场实现程度划分

已实现的需要指消费者已经在需要和动机的驱使下完成了对某种商品的购买，达到了最初的目标，满足了需要。

现实需要指消费者已经具备对某种商品的实际需要，且具有足够的货币支付能力，而市场上也具备充足的商品，消费者的需要随时可以转化为现实的购买行动。

潜在需要指目前尚未显现或明确提出，但在未来可能形成的需要。这种需要通常是由于某种消费条件不具备所致。例如，市场上缺乏能满足需要的商品，消费者的货币支付能力不足，缺乏充分的商品信息，消费意识不明确，需求强度低等。当上述条件具备时，潜在需要可以立即转化为现实需要。

（三）根据消费需要的强烈程度划分

充分需要又称饱和需要，是指消费者对某种商品的需求总量及时间与市场商品供应量及时间基本一致，供求之间大体趋向平衡，这是一种理想状态。但是，由于消费需要受多种因素的影响，任一因素变化如新产品问世、消费时尚改变等，都会引起需求的相应变动。因此，供求平衡的状况只能是暂时的、相对的。

过度需要又称超饱和需要，指消费者的需要超过了市场商品供应量，呈现供不应求的状况。这类需要通常由外部刺激和社会心理因素引起。例如，多数人的抢购行为，对未来经济形势不乐观的心理预期等。

低迷需要指消费者对某种商品的需要远远不及市场上商品的供应量，处于供过于求的状况。

无需要又称零需要，是指消费者对某类商品缺乏兴趣或漠不关心，不产生任何需求。需要的商品可能不具备消费者需要的效用，或消费者对商品缺乏了解和认识，没有与自身利益联系起来。

（四）根据消费需要的变动规律划分

周期需要指某些消费需要在获得满足后，一定时间内不再产生，但随着时间的推移还会重新出现，并且在时间上呈现出明显的周期性。

不规则需要又称不均衡或波动性需要，是指消费者对某类商品的需要在数量和时间上呈不均衡波动状态。例如，许多季节性商品、节日礼品以及旅游、交通运输的消费需求，就具有明显的不规则性。这种波动也可能随着社会的发展或者环境的变化而变化。

渐进需要又称累进需要，是指由于某种商品引起了消费者的注意和兴趣，而使消费者对该种商品的需要逐渐增加。

退却需要是指消费者对某种商品的需要逐步减少，并趋向进一步衰退之后导致的需要衰退，通常是由时尚变化、消费者兴趣转移，或新产品上市对老产品形成替代，或消费者对经济形势、价格变动、投资收益的心理预期等引起的。

（五）根据消费需要的指向内容划分

正当需要是指不仅能使消费者的正当利益得到满足，而且对他人或社会的利益不会造成任何危害。

无益需要是指消费者对某些危害社会利益或有损自身利益的商品或服务的需要。例如对香烟、烈酒等的需要，对消费者个人和社会都是有害无益的。

否定需要是指消费者对某类商品持否定、拒绝的态度，因此，拒绝其需要。之所以如此，可能是商品本身不适合消费需要，或者因旧的消费观念束缚、错误信息误导所致。

（六）根据需要的对象划分

物质需要是指消费者对以物质形态存在的、具体有形的商品的需要。这种需要反映了消费者在生物属性上的欲求。其中又可以进一步划分为低级和高级。低级的物质需要指维持生命所必需的基本对象；高级的物质需要是指人们对高级生活用品（如家用电器、高档服装、健身器材、家庭轿车等）以及用于从事劳动的物质对象（如劳动工具）的需要。

精神需要是指消费者对意识观念的对象或精神产品的需要。例如，获得知识、提高技能、艺术欣赏、情操陶冶和追求真理等方面的需要。这种需要反映了消费者在社会属性上的欲求。

（七）根据需要的层次划分

美国人本主义心理学家马斯洛于1943年提出了"需要层次理论"，把人类多种多样的需要划分为五个层次：即生理需要、安全需要、爱与归属需要、尊重需要和自我实现需要。马斯洛的需要层次理论对研究和划分消费者的需要类别以及各类需要之间的相互关系具有重要的指导意义，因而受到广泛关注。

三、物美价廉是共性心理

黄玲在某大学附近开了一家时装店。由于进货太多，到了换季的时候，存货还非常多。如果这些存货不及时清理，就会亏损一大笔资金，由于这些衣服的价钱不是很高，黄玲想出了一个办法——推出"百元套装活动"。

在黄玲的时装店，只要是学生，只需100元钱，就可以买走一套服饰，包括上衣、裤子、项链和丝巾等。促销活动推出后，店里便挤满了来选购服装的学生。就这样，仅一个星期，大量积压的服装就被抢购一空，有的学生因为来晚了而遗憾不已。黄玲不但收回了成本，还赚了不小的一笔钱，因为有些服装搭配一套还不足百元，所以用这样的方式推出来，顾客觉得占到了大便宜。

从这个故事中我们了解到，消费者都希望以低廉的价格获得更多的产品，所以一些精明的商家利用消费者的这种心理，大搞一些促销和特价的活动，让消费者在心理上感觉占了大便宜，而实际上商家并没有给顾客多少真正的实惠。像故事中黄玲推出的促销活动一样，让顾客觉得有优惠，顾客便会蜂拥而至。所以，如果能真正把握顾客的这种心理，对于商家来说，生意自然是越做越好。

客户都希望花最少的钱买最好的产品，销售员要理解并适当满足客户的这种心理。因为只有满足了客户的这种心理需求，客户才会认可你，买你的账。事实上，销售员只要很好地把握和利用客户的这种心理，就能为自己的销售工作服务。那么，在具体的销售过程中应采用怎样的措施来满足客户的这种心理需求呢？

（一）利用打折来吸引客户

利用打折的方式招揽客户是很多商家惯用的吸引客户的方式。商家故意把价位定得很高，然后通过折扣减去一部分，给客户造成一种心理错觉，以为商家减少了利润，给客户带来实惠。实际上，打完折，商家依然有很大的利润空间。

（二）利用代金券吸引客户

很多商家给消费达到一定金额的客户免费赠送代金券。这些代金券在下次购买商品的时候，可以代付部分钱款。这对于精打细算的客户来说，无疑是个很大的诱惑，为了获得代金券，就会努力在商家的店铺购买商品。表面看来，商家赔了钱，实际上客户在购买大量商品的时候，商家早就将那部分代金券的利润赚回来了。这种代金券的方式就是利用客户都希望占便宜的心理将客户牢牢拴住，不失为一种吸引客户的好方法。

（三）利用积点优惠招来客户

积点优惠是在客户每次消费之后，商家给其相应的积分，等积分达到一定数量之后，客户可以兑换赠品。实际上，这种方式对于客户的诱惑远远没有赠送代价券大。但是毕竟也有免费的礼品，客户还是愿意接受的。

（四）利用抽奖吸引客户

每个人都有侥幸心理，客户也一样。因此很多商家推出了抽奖销售的活动。对于客户来说，买了商品还能参加抽奖，说不定还真能抽中什么大奖呢，因此也乐于尝试。还有的商家在商品上打上买一送一的标志，客户在买了商品之后，还能获得赠送一份的奖励，像很多饮料就是采用这种方式吸引客户。

四、消费者的品牌心理

（一）品牌的心理效应

成功的品牌的一个重要特征，就是始终如一地将品牌的功能与消费者心理上的欲求联结起来，通过特定的联系方式，将品牌信息传递给消费者，从而产生一系列心理影响和效应。

商品品牌包括商品名称和标识，商品品牌本身可以对消费者产生一种特殊的心理作用。

（二）商品名称与消费心理

商品名称具有认知、记忆、情感及联想等心理功能。

为更好地发挥名称的心理功能，在为商品命名时还应注意以下几点要求：简洁明了、通俗易懂、寓意深刻、避免禁忌及独具匠心。

商品命名有以下心理策略：依商品的主要效用命名；依商品的主要成分命名；依商品外形命名；依商品的制作工艺命名；依产品产地命名；依人名命名；用褒义词命名；用译言命名。

（三）标识与消费心理

据心理学家分析，人们接收的信息85%是从视觉中获得的，因此建立良好的品牌视觉形象是建立品牌心理的首要要求。

标识设计一般遵循以下规则：品牌标志能突出商品的形象；品牌标志要具有与众不同的新颖别致的艺术形象，以促进销售；品牌标志有能加深消费者对商品的印象的作用。

（四）商标运用的心理策略

设计成功的商标还应当巧妙应用才能充分发挥其功能，商标运用的策略有多种，从心理学角度看商标策略主要有六种。

1.使用统一商标

这种策略是指企业生产的全部产品都使用同一商标，实现同品牌产品系列化的做法。采用这种策略的心理学意义有以下三点。

（1）可以集中企业力量于单一商标的设计与宣传，提高设计质量，扩大宣传效果，有利于加速知名商标的发展过程；

（2）可以大大降低商标设计、宣传、使用、保护等各方面的费用支出，相应提高经济效益；

（3）有助于消费者对同商标新产品惠顾心理的产生，因而有助于企业新产品的市场扩散。

2.同类产品单一商标

针对统一商标策略与产品类别多样化的矛盾，企业可以为不同类产品设计和使用不同的商标，实现企业多种商标并存的局面。这种策略介于统一商标策略与个别商标策略之间，既克服了统一商标策略中的困难性与使用中的风险性，又克服了个别商标策略的工作量过大、费用过高的缺点，具有适应性更强的优点。从心理学角度看，采用这种策略既不会使消费者的注意力过于分散，又能够使商标保持与商品特色的适宜性，从而启发联想。这种策略的优点就在于统一与分散的有效结合，有利于商标效用的发挥。

3.使用个别商标

这种策略是指企业生产的各种产品都使用各自不同商标的做法。采用这种策略的最大优点是使商标设计充分显示各产品的特色，因此可以对不同的消费者群体都产生较好的吸引作用，扩大企业产品的总销售量。缺点是商标设计、宣传、使用方面花费较大，使成本过高，从而制约产品在价格方面的竞争力。

4.使用多重商标

多重商标策略是指企业在同一种商品上使用两种以上商标的做法。采用这种策略的主要目的是扩大产品与消费者的接触面，更多地吸引消费者的注意，同时也可以相应扩大宣传面，增强宣传效果，扩大企业产品销售。很多企业实践表明，凡是采用多重商标策略的产品，其销售量都能超过采用单一商标策略的产品。

5.产品等级不同使用不同的商标

这种策略是指对于企业生产的质量、档次不同的产品而使用不同商标的做法。其主要特点是便于消费者根据自己的消费水平、购买动机选购商品，可以较好地适应处于不同消费水平的消费者的心理，充分满足各自的需要。

6. 企业名称商标化

把企业名称简化后或变形后用作商标的做法即为企业名称商标化策略。采用这种策略，可以在宣传商标的同时也宣传了企业，适应了消费者记忆简单化的要求，同时有利于提高企知名度。对于知名度较高的企业来说，采用这种策略可以充分利用消费者对企业的信赖，扩大产品销售。

五、消费者的学习心理

（一）消费者学习的含义

学习是由经验引起的相对较长久的行为改变。学习者不一定直接获得经验，也可以通过观察那些对人产生影响的事件而获得经验。有时甚至不做任何尝试也在学习。例如，消费者即使没有使用过某些产品，但也可以识别出这些产品的品牌并低哼其广告语。这种随意的、无意识的知识获取过程就是无意识学习。学习是一个不断前进的过程，随着我们不断面对新的刺激，并随之接收到反馈，我们会不断地修正自己对这个世界的认识。正是这种认识，使以后当我们处于相似情境时，可以调节我们的行为。学习的概念包括很多方面的内容，从消费者对产品标志的刺激与反应的简单联想，一直到复杂的认知活动，都属于学习的范畴。

从营销观点看，消费者学习是指消费者在购买和使用商品的活动中，不断获取知识经验与技能，通过积累经验、掌握知识，不断提高自身能力，完善自身的购买行为的过程。这个定义中有几点值得注意，首先，消费者学习是一个过程；就是说，由于新得的知识不断发展变化，在这个过程中，实际经验、新得知识或个人时间都会得到反馈，并为未来相似情况下的行为提供基础。其次，经验在学习中起的作用并不意味着所有的学习都是有意获得的。尽管很多学习都是有意的，很大数量的学习是偶然的，是由意外获得的。例如，一些广告会引发学习，尽管消费者注意力在另外的地方，打算购物的消费者则会寻找并细心阅读其他广告。

（二）消费者学习的特征

了解学习的一些基本特征，可以帮助营销人员掌握消费者学习心理活动的特点和规律，以便有针对性地采取措施，强化消费者对产品、广告、品牌、服务等营销活动的认知度。在学习的基本特征中，对营销人员最有价值的是学习强度、消退、刺激泛化、刺激辨别和反应环境。

1. 学习强度

学习强度是指习得行为或反应不被遗忘，能够持续的程度。学习强度受四个因素的影响：一是学习内容或被学习事物的重要性；二是强化的水平或程度；三是重复的水平；四是产品或品牌的意象。一般而言，接收的信息越多，过程中接收的强化（或惩罚）越多，刺激重复（或练习）的次数越多，信息中包含的意象成分越多，学习就越快而且记忆也越持久。

2. 消退

消退又称自然消退，是指撤销对原来可以接受的行为的正强化，即对这种行为不予理睬，以表示对该行为的轻视或某种程度的否定。心理学的研究证实，一旦对于习得的反应所给予的强化减弱，习得的反应不再被运用或消费者不再被提醒做出反应，消退或遗忘就会发生。

遗忘发生的速度与最初的学习强度呈负相关关系。即学习的内容越重要、强化越多、重复越多、意象越多，学习对遗忘的抵制就越强。营销人员通常希望消费者能对本企业产品品牌、广告等保持长久的记忆和深刻的印象，但如果不注意强化，这种期望就是不现实的。这在广告记忆效果调查中得到了很好的验证，在一次对13 000多名成人进行的民意测试中发现，有一半以上的人记不起刚过去的30天里看过的、听过的或读过的具体广告。遗忘给企业的促销工作带来了很大的困难。

3. 刺激泛化

刺激泛化是指由某种刺激引起的反应可经由另一种不同但类似的刺激引起。例如，一个消费者知道伊利的冰激凌很好吃，就认为新推出的伊利酸奶也好吃，这种情况就是刺激泛化。泛化在营销中是一个非常重要的概念，越来越多的名牌产品运用这一原理进行品牌延伸，且极易获得成功。

在巴甫洛夫的实验中，曾经表征过这种泛化现象。研究表明，泛化的程度与两个刺激的相似性有密切关系，即新刺激与原有条件刺激越相似，泛化越明显；相反，两者差异越大，泛化越小。然而，对于企业来说，刺激的泛化是一把"双刃剑"，一方面，企业可以利用刺激泛化将消费者形成的关于本企业或产品的一些好的情感和体验传递到新产品上去，以此促进新产品的接受和购买；另一方面，关于企业或其产品的不好的信息经由刺激泛化以后，会对企业的营销活动产生不利影响，存在一荣俱荣、一损俱损的风险。

4. 刺激辨别

刺激辨别又称刺激识别，是指人们将某一刺激与另一类刺激相区分的学习过程，或者说是消费者对相互类似的刺激予以不同反应的学习过程。

刺激辨别与刺激泛化是具有紧密内在联系的学习现象。对新刺激的最初反应通常接近于对以往类似刺激所做的反应。只有经过这样一个泛化阶段以及随之而来的对有关线索的学习之后，我们才开始学会将新刺激与旧刺激区别开来。刺激辨别在市场中不是个别现象，随着市场竞争加剧，同类产品繁多，产品同质化现象日益突出，产品之间的差异变得越来越小，要让消费者对不同产品做出准确判断，不是一件容易的事情。目前，广告宣传是大多数企业用于帮助消费者进行刺激辨别的主要手段。通过各种传播渠道，引导消费者注意本企业产品的特征，强化差别认识。例如，产品的一切外部特征，包括品牌、品名、色彩、外观、包装等，最终把自己的产品从同类产品中区分出来。

5. 反应环境

反应环境指消费者学习信息和回忆信息时所处的环境。现实中常常出现这样的情况，在需要的时候我们找不到存储在记忆中的相关信息。影响信息提取能力的因素有两个，即最初的学习强度与回忆时所处的环境，是否与最初的学习环境具有相似性。最初学习的强度越大，在需要的时候，提取相关信息的可能性就越大。在回忆时提供越多与当初学习该信息时相似的环境线索，回忆就越有效。反应环境对消费者的品牌学习有着基本的意义，通过反应环境有助于唤醒和强化品牌记忆。

六、消费者的知觉

在心理学上，知觉是指对感觉进行选择、组织和解释的过程，形成对客观世界有意义的和相互联系的反映的过程，也可以理解为"消费者如何看待所处的市场"。因此，对知觉的研究就集中在为了给初始感觉赋予意义，人们在原始感觉上添加了什么。因为个体对这些刺激的理解是根据自身的价值观、自身需求和期望而来，甚至有时不同的人对同一产品的态度大相径庭。

（一）知觉的选择性

面对刺激，人们会有意或无意地作出各种选择，也会通过注意某些刺激而排除其他刺激来应对感觉的冲击。事实上，人们只能接受外界传递的刺激中很小的一部分。同样，消费者在了解自己所处的环境时也会根据其需求有选择地进行了解，潜意识地会注意一些事情、忽略一些事情或者回避一些事情。如在超市购买牙膏时，人们的主要注意力集中在牙膏这一产品上，其他产品大部分被忽略，这就是知觉的选择性。

在知觉的选择过程中，除了刺激本身，还有另外两个因素会左右人们的知觉选择：一是消费者的期望；二是消费者的需求或购买动机。

1. 刺激

在市场营销中，刺激具体指的是营销刺激，其包括营销消费者感知的因素，如产品的品质、产品的物理属性、品牌、包装以及商业促销元素（如广告语、模特、拍摄技术和广告规模等）、产品定位、产品评价等。一般来说，对比刺激是最能引起人们注意的属性之一，比如平面广告中的放大效果。在人流量很大的广场等处张贴大型海报，或者设置与周围环境对比度很大的广告牌，均能引起消费者的注意；再比如把产品摆在容易看到的地方更容易引起人们的注意。供应商激烈地抢占货架的好位置，保证其产品在商店里可以被摆在从消费者腰部开始到与视线平行的位置，原因就在于此。

2. 期望

人们喜欢看到他们所期望看到的东西，而期望看到的东西又是由个人经历、个人倾向和熟悉的东西决定的，因此，从市场营销角度来说，人们倾向于根据自身的期望来感知产品和服务。例如，一个朋友告诉你一件衣服很好看，你去购买的时候潜意识中便把这件衣服归类在好看的行列；又如相关部门删除电影中的某些镜头，人们便会认为这些镜头带有暴力或者色情问题，在心中把电影进行了归类。

3. 需求

人们倾向于感知他们需要或者想要的东西，这种需要越强烈，就越容易忽略环境中不相关的刺激。例如，想要购买计算机的学生一定比周围不想购买计算机的学生更加关注计算机的信息；一个早上没有吃饭的人会比周围的人更能注意到食物的存在。一般来说，消费者对自己感兴趣的刺激有着较强的注意力，对于那些暂时与自身无关的刺激没有太大的反应。市场营销者需要通过市场调研，分辨出消费者对某件产品的需求程度，然后根据需求程度进行市场细分，并根据细分市场有针对性地投放广告，最终目标是让整个消费群体对其产品产生消费需求。

（二）知觉的整体性

整体性是世界万物都有的特性。从自然界到人类社会，都不是孤立的，所以不能单独地看待人们从外界选择接受的感觉刺激，把这些刺激组织加工为一个整体才能更好地感知周围环境。关于知觉的整体性的理论在心理学上通常合称为完形心理学，又称格式塔心理学，主要包括三个基本概念，即主角与背景、分组性、完整性。

1. 主角与背景

正如与环境对比强烈的刺激更容易被人们所察觉，周围环境相当于背景，对比强烈的刺激相当于主角，市场营销者需要根据这些仔细地计划他们的广告，必须让消费者注意到刺激是主角而不是背景。如广告中的背景音乐的声音绝对不可以淹没掉广告语的声音，而平面广告也不能把产品放置在颜色类似的背景当中。

2. 分组性

人类是通过组块来记忆的，而复时记忆仅能记住5±2个组块。在信息量巨大的现实社会，想要将产品迅速地植入消费者的意识当中，就需要利用分组的原理。人们记忆11位的手机号码时通常把号码分为三个部分：前3位指的是运营商代码，中间4位是地区代码，后4位则是用户号码。营销者可以根据这一例子将产品与消费者熟悉的东西联系起来，比如将加多宝凉茶广告与消费者吃火锅的画面相结合，让消费者一想着火锅便想起加多宝凉茶。

3. 完整性

个体记忆是通过画面完成的，并非文字，因此人们的知觉是一幅完整的画面，即使所受到的环境刺激是不完整的，人们也会根据自身经验补上缺失的部分。不过研究表明，人们对不完整信息的记忆要比完整信息的记忆更深刻，因为个体接收到一个不完整信息之后会本能地将其补全，若无法补全便会产生紧张和焦虑，这意味着就加深了对不完整信息的记忆。如一个朋友对你说话，说到一半时突然停止，这会驱使你去猜测他想表达的意思是什么，这种感觉如同上街擦皮鞋只擦了一只一样。市场营销者常常利用知觉的整体性推广产品，如在广播中播放电视广告配音，会使消费者联想自己曾经在电视上看过的画面，自动地补全其听到的信息。

（三）知觉的理解性

人们在吸收了外界刺激之后对刺激的理解是形成知觉的重要之处。外界刺激往往是各式各样的，人们在记忆的过程中会根据自身经历和兴趣爱好将刺激进行归类，刺激通常分为喜好的、厌恶的和无聊的。这些归类会形成各种印象。本节重点介绍第一印象、刻板印象、描述性概念、晕轮效应。

1. 第一印象

第一印象是产品投放时带给消费者的首次记忆归类，往往有强烈的作用，左右着人们以后的长期看法。如果产品还没有完全成熟就将其投放市场，会给消费者一种不完善的第一印象；即便日后产品质量有所提升，也很难消除消费者心中的负面情绪。

2. 刻板印象

刻板印象是人们在头脑中已经储存了各种刺激含义的图片，当刺激发生时，人们会将这些图片附加到感觉之中，导致印象的扭曲。比如若由有兴奋剂丑闻的体育明星代言产品，人们已经对其产生厌恶心理，就会扭曲地认为其代言的产品是不好的，因此不会产生消费意向。营销者和策划者一方面要研究和顺应消费者的某些刻板印象，使自己的产品形象与消费者的经验相吻合；另一方面要大力传播新观点和新经验，以改变消费者的某些成见与偏见。

3. 描述性概念

描述性概念指的是刻板印象可以通过文字传递。比如中餐菜品往往配有美轮美奂的菜名，这会让食客在没有见到菜肴时就浮想联翩，这些食物比有一般名字的食物更加吸引人。描述性概念不仅适用于产品，同样也适用于服务。因为服务是抽象的、不具体的，所以消费者对特定名字的联想对于营销者制定营销方案有着重要意义。

4. 晕轮效应

晕轮效应又称"光环效应"，最早是由美国著名心理学家爱德华·桑戴克在20世纪20年代提出的。他认为人们对他人的认知和判断往往只从局部出发，通过扩散而得出整体印象，即常常以偏概全。如果一个人被标明是好的，他就会被一种积极肯定的光环笼罩，并被赋予一切都好的品质；如果一个人被标明是坏的，他就被一种消极否定的光环所笼罩，并被认为具有各种坏品质。在市场营销学中，授权是晕轮效应应用的一个典范。当一家优质公司对另一家新公司授权后，消费者会本能地认为这家新公司具有良好的发展前景，从而给予新公司更多的关注。例如，可口可乐公司推出果粒橙等新产品时，人们可能一开始不知道这些产品是哪家公司生产的，但在广告中提出"可口可乐公司荣誉产品"之后，人们便会对新产品给予关注。

第三章 电子商务环境下的消费者行为

本章的主要内容是电子商务环境下的消费者行为分析，我们依次介绍了电子商务的概念及内涵、电子商务对于消费者行为的影响和电子商务与消费者的行为态度三个方面的内容。

第一节 电子商务的概念及内涵

一、相关定义

（一）广义的电子商务的定义

电子商务是指交易当事人或参与人利用计算机技术和网络技术等现代信息技术所进行的各类商务活动，包括货物贸易、服务贸易和知识产权贸易之间（主要是企业与企业之间BtoB、企业与消费者之间BtoC）利用现代信息技术和计算机网络按照一定的标准所进行的各种商务活动。

对上述广义电子商务的定义，可以从以下几个方面来分析和理解：

（1）电子商务是一种采用最先进信息技术的商务方式。交易各方将自己的各类供求意愿按照一定的格式输入电子商务网络，电子商务网络便会根据用户的要求寻找相关的信息，并提供给用户多种交易选择。一旦用户确定了交易对象，电子商务网络就会协助完成合同的签订、分类、传递和款项收付结转等全套业务，为交易双方提供一种"双赢"的最佳选择。

（2）电子商务的本质是商务。电子商务的目标是通过互联网络这一最先进的信息技术来进行商务活动，所以它要服务于商务，满足商务活动的要求，商务活动是电子商务永恒的主题。从另一个角度来看，商务也是不断在发展的，电子商务的广泛应用将给商务本身带来巨大的影响。从根本上改变人类社会原有的商务方式，给商务活动注入全新的理念。

（3）对电子商务的全面理解应从"现代信息技术"和"商务"两个方面思考。一方面，电子商务所包含的"现代信息技术"应涵盖各种以电子技术为基础的现代通信方式；另一方面，对"商务"一词应作广义的理解，是指契约性和非契约性的一切商务性质的关系所引起的种种事项。用集合论的观点来分析，电子商务是现代信息技术与商务两个子集的交集。

（二）狭义的电子商务定义

狭义的电子商务仅仅将通过互联网（Internet）进行的电子商务活动归属于电子商务。从发展的角度来思考问题，在考虑电子商务的概念时，仅仅局限于利用互联网进行商务活动是远远不够的。将利用各类电子信息网络进行的广告、设计、开发、推销、采购、结算等全部贸易活动都纳入电子商务的范畴比较符合发展实际。正如美国学者瑞维·卡拉塔和安德鲁. B. 惠斯顿所指出的：电子商务是一种现代商业方法，这种方法以满足企业、商人和顾客的需要为目的，通过增加服务传递速度、改善服务质量，降低交易费用来达到上述目的。今天的电子商务通过少数计算机网络进行信息、产品和服务的交易，未来的电子商务则可以通过构成信息高速公路的无数网络中的任何一个网络进行交易。也就是说现在电子商务以Internet为主要载体不等于只能永远采用这一种载体，未来的电子商务必将采用比Internet这一现有的覆盖最为广泛的载体还要先进得多的其他网络载体。

（三）IT行业对电子商务的定义

IT（信息技术）行业是电子商务的直接设计者和电子商务软硬件设备的制造者。很多公司都根据自己的技术特点给出了电子商务的定义，虽然差别较大，但都认同电子商务是利用现有的计算机软件、硬件设备和网络基础设施，通过一定的协议连接起来的电子网络环境进行各种各样的商务活动的方式。

1. HP公司对电子商务的定义

通过电子化的手段来完成商务贸易活动的一种方式，电子商务使我们能够以电子交易为手段完成产品与服务的交换，是商家与客户之间的联系纽带。它包括两种基本形式：商家之间的电子商务及商家与最终消费者之间的电子商务。HP公司的电子商务解决方案，包括所有的贸易伙伴，用户、商品和服务的供应商、承运商、银行、保险公司以及所有其他外部信息源的收益人。电子商务通过商家与其合作伙伴和用户建立不同的系统和数据库，使用客户授权和信息流授权的方式，应用电子交易支付手段和机制，保证整个电子商务交易过程的安全性。

2. SUN公司对电子商务的定义

简单地讲，电子商务就是利用Internet网络进行的商务交易，在技术上可以给出如下三条定义：

（1）在现有的Web信息发布基础上，加上Java网上应用软件以完成网上公开交易。

（2）在现有企业内部交互网的基础上，开发Java的网上企业应用，达到企业应用内部网化，进而扩展到外部网，使外部客户可以使用该企业的应用软件进行商务交易。

（3）商务客户将通过计算机、网络电视机机顶盒、电话、手机、个人数字助理等等Java设备进行交易。

这三个方面的发展最终将殊途同归——Java电子商务的企业和跨企业应用。

3. IBM公司对电子商务的定义

电子商务是指采用数字化电子方式进行商务数据交换和开展商务业务的活动。它是在互联网的广阔联系与传统信息系统的丰富资源相互结合的背景下应运而生的一种相互关联的动态商务活动。这种活动在互联网上展开，网络是电子商务的基础。互联网、企业内部网和企业外部网是电子商务的三种基本模式。而这三种模式是有层次的，只有在互联网的基础上，先通过建立良好的企业内部网，建立起比较完善的标准和各种信息基础设施，才能顺利扩展到企业外部网，最后扩展到电子商务。

二、我国电子商务发展状况

（一）我国电子商务基础设施建设状况

电子商务最基本的硬件基础设施是信息基础设施，包括光纤通信、数据通信、即时通信、数字集群、移动通信、通信网络等技术。宽带网络作为实现信息化的重要载体，是网络经济社会发展的关键基础设施。目前，我国网络和宽带接入用户规模均为世界第一。我国信息基础设施已取得巨大进步，为电子商务发展提供了良好的基本保证。

物流配送系统是电子商务的配套设施，电子商务的发展有效地带动了物流的发展，促进物流企业的进一步繁荣，同时，商贸物流也促进了电子商务的发展。近年来，我国物流配送系统发展成效显著，支持和配套政策日益完善。但物流配送体系整体水平并不高，与电子商务的繁荣差距较大，尤其在节假日期间，物流成了目前制约节假日电子商务经济增长的障碍。因此，电子商务发展要抓住眼前巨大的机遇，就必须发展物流配送体系。首先，构建现代物流配送中心及以高效信息管理系统为支撑的电子商务物流基地，形成覆盖主要城市、辐射农村的快捷、便利、畅通的网络购物配送体系，满足网络购物快速发展的需要。其次，打造高效、通畅、完善的物流基地网络，政府和物流企业加大园区投入，适应区域经济发展、地理布局，努力构建物流配送系统。最后，金融电子化系统不断进步，电子商务的发展依赖于金融电子化系统的发展程度，金融电子化系统决定了网络支付效率和安全性等问题。目前，各商业银行已经基本建成了现代化支付清算系统，实现了全国小额支付系统一体化。

（二）电子商务发展总体趋势

随着信息技术和网络基础设施的逐步完善，到目前为止，基于互联网的全球性虚拟市场已经基本形成，电子商务在经济社会发展中起到了越来越重要的作用。电子商务发展瓶颈由过去十年的信用、支付和物流三个瓶颈逐渐演变成当前和未来一个时期的数据、物流和制度三个关键因素，随之而来的全球范围新一轮经济竞争也更加激烈。同时，全球电子商务市场规模的持续高速增长，展现了电子商务的强大生命力和广阔发展前景。

1. 成为信息经济重要基础设施

随着信息技术对经济发展的更深层次影响，以汇聚海量生产、交易、物流、认证与消费者信息的电子商务服务平台正在成为信息经济的核心生产要素和商业基础设施。以电子商务服务平台为核心的电子商务服务业承担了促使核心生产要素广泛应用于经济生产活动的责任，加快信息在传统经济中的渗透速度，促进传统经济变革的角色，成为快速崛起的战略性新兴产业。电子商务服务业将成为关注民生的无处不在、资源丰富、成本低廉的公用服务模式。电子商务服务在大规模应用过程中显示出其特有的多样性与复杂性，与电子商务应用相关的信用、支付、物流、IT和金融等大量电子商务外围和业务流程（外包）服务商，为电子商务应用提供更加多样化的服务，成为电子商务生态系统的重要组成部分和经济社会新的基础设施。

2. 科技创新与消费升级推动发展

科技创新不断拓展电子商务向纵深与外沿发展，比如智能物流技术能有效克服电子商务商品货物流动过程中的障碍。物联网与互联网的结合将大大增强环境与设施的智能化，大大提升环境与设施的可控性和可管理性。云计算促进了电子商务的全球化竞争与合作，云企业可以把服务延伸到全球，企业也可以选择全球各地的可靠云服务。智能物流便是其中的一种形式，智能物流是利用智能感知技术、获取技术、传输技术、数据挖掘技术、控制技术，使物流流程科学化、运行自动化、监控视讯化、跟踪与管理动态化、物流与流程环境亲和化的一种新型快运物流模式，是对现在物流环节的重大变革。

另外，大规模个性化的消费结构升级与科技创新所带来的新兴技术广泛渗透相结合，立体式的电子商务消费体系正在成型，为各种商业创新模式的出现提供可能，极大地推动了电子商务和经济社会发展。

3. 促进信息化与工业化进一步融合

电子商务极大地加快了信息化与工业化融合的进程，从商业延伸到工业、农业生产，传统大规模的生产让位于小批量多品种的个性化定制。信息反馈的高效与计算智能让社会化的按需生产成为可能。

通过与企业内部价值链的深度融合，促进信息技术和服务在传统企业中的应用，提升传统产业的资源配置效率、运营管理水平和整体创新能力，推动传统企业转向以用户为中心的经营理念和运营方式，由"产品提供者"向"服务提供者"转变，提供多元化、个性化的服务，进而以"服务中心"取代"产品中心"，实现经济转型升级。

4. 移动商务成为重要新兴商业模式

随着5G应用不断扩展和手机上网的进一步普及，移动商务将加速渗透到生活、工作的各个领域，向普及化方向发展。未来市场将越来越尊重个人在工作和生活中的个性表达和需求，移动商务将提供高效的、个性化的、随时随地的服务，因而成为未来经济社会的重要商业模式。

5. 新的电子商务业态将会不断涌现

电子商务逐步向工业、农业、旅游业、服务业、零售业等不同的经济领域渗透，电子商务与传统实体经济的结合势必越来越紧密，各类电子商务网络平台，包括网络零售平台、网络超市、网络专业市场、网络百货商店、网络品牌专卖店等终究越来越普遍，实体经营与网络虚拟经营趋向协同。Online20ffline（即O2O，在线支付购买线下的商品和服务，再到线下去享受服务）、BforC（即B4C）等一些新的电子商务业态将会不断涌现，继续为电子商务企业创造新的利润增长空间。

第二节　电子商务对消费者行为的影响

一、与传统的商务活动相比的不同

（一）虚拟性

传统市场中交易主体的性质特征是明确的，电子商务活动中交易主体和交易媒介等交易要件是数字化的，不可触摸的，具有虚拟性。它不需要店面、装潢、摆放的产品和销售人员等。电子商务活动的虚拟性也使其经营成本大大降低，从而多多为消费者让利。

（二）信息化

电子商务活动的开展是以信息技术为基础的，它的进行必须通过计算机网络系统来实现。计算机网络系统是融网络技术、软件技术和数字化技术于一体的综合系统，因此电子商务活动的开展与信息技术发展密切相关。

（三）全球性

电子商务活动赖以发展的互联网是向全球开放的，因此电子商务活动的展开也是开放的，不受地理位置限制，不受时间限制，它面对的是全球性的统一的电子虚拟市场。

随着互联网的普及和全球电子商务的迅猛发展，越来越多的消费者选择网上购物，电子商务活动已经深入人们生活的各个领域，和人们的生活工作密不可分。电子商务环境下的消费者行为与传统商务活动下的消费者行为相比也发生了很大的变化，为此，对电子商务环境下的消费者行为的研究变得越来越重要。

二、电子商务环境下的消费者行为特点

电子商务建立在先进的信息技术平台上，它的活动空间不是传统的有形实体产品交换空间，而是电子空间。在电子商务模式下，消费者行为相对于传统的商业模式，表现出下列几个特点：

（一）选择范围扩大

在传统的营销环境下，消费者在有限的空间内（如一个城市）选择有限的商品，而在电子商务环境下，由于网络系统强大的信息处理能力，为消费者挑选商品提供了空前的选择余地，消费者可以根据自己的需要广泛选择各种商品和服务。

（二）选择便利

不同于传统的商务模式，电子商务环境下的消费者不受时间和空间的限制，消费者可以在任何时间、任何地点选择满足自己需要的商品和服务，因而相对于传统的店面购物模式，消费者选择更加自由方便。

（三）直接参与生产和流通循环

在传统的营销中，消费者所选择的产品和服务是企业已经设计制造出来的，产品和服务通过各种销售渠道，最终到达顾客的手中。在这种模式下，消费者无法表达自己的意愿和要求，同时由于技术、资金各方面的限制，企业无法满足顾客个性化的需求。商业流通循环是由生产者、商业机构和消费者共同完成的，商业机构充当生产者和消费者联结的纽带。但在电子商务模式下，消费者和生产者直接构成了商业的流通循环，消费者可以直接参与产品的设计。如IBM的"Alphaworks"就是让消费者直接参与IBM的产品设计，生产消费者需求的特定产品。

（四）关注网络的可靠性和安全性

目前人们认为影响网上购物的主要障碍是网络的可靠性和安全性。网络的可靠性是指数据存取、通信、操作权限的安全可靠性以及在意外情况下正常工作的能力，网络的安全性是指有效保护用户个人信息的能力。目前，许多网站缺乏安全隐患意识，许多用户不敢使用信用卡支付，担心他们的账户和密码被盗，从而承担巨大的经济损失。

（五）关心网站的方便可行性

宽带技术的应用大大提高了上网速度，网民得到了不少实惠。但是进入网站的可行性、网页下载的速度、网上漫游的效率及产品特点等对消费者的网上购买行为影响很大。如果消费者无法进入网站，也就无从谈网上购物。网页下载的速度越慢，消费者光顾的频率也就越小，进而影响消费者的购买行为。

（六）强调企业形象

企业形象是企业通过外部特征和经营实力表现出来的得到消费者和公众所认同的企业总体形象。企业的知名度、信誉度、美誉度是传统营销模式下的企业资本，在电子商务模式下，企业形象对消费者的行为同样产生了很大的影响，由于消费者无法通过感知判断产品和服务的质量，因而偏向购买传统的企业名牌产品。除此之外，网上信息的真实性、信用制度的建立、法律环境、物流配送体系的完善等对消费者的网上购买行为都产生影响。

三、电子商务环境下的消费者隐性成本

无论是传统的商务模式还是电子商务（EB）模式，消费者购买产品和服务都必须支付显性成本和隐性成本。这里所讨论的隐性成本是与传统的商务活动相比较而言，EB模式下的消费者需要支付的隐性成本，是除了支付一定货币获得所需要的商品与服务外还必须支付的其余成本。

（一）观念转变成本

在传统的商务模式下，消费者和供应商一般在同一时间、同一具体的有形交易场所进行交易。理性消费者选择购买还是放弃遵循的原则是货比三家，他们往往根据所掌握的有限信息，通过比价格、比质量、比品牌和比服务等，最终在收入和其余条件的约束下，选择使其效用最大化的商品和服务。

在电子商务模式下，消费者和供应商不受时间和空间的限制，在虚拟的电子空间进行商品和服务的交易活动，消费者无法借助感官判断商品和服务的质量。承袭了传统商务模式几千年的消费者崇尚"眼见为实"，因此，消费者从传统的消费模式转变到电子商务模式，首先需要观念上的转变，而这样的转变必须使消费者花费大量的时间和精力接受企业和大众媒体等的宣传和引导，从而接受电子商务模式。

（二）信息搜寻成本

在电子商务环境下，网络系统由于强大的信息处理能力，为消费者挑选商品和服务提供了空前的选择余地，但是，面对大量的网上信息，消费者往往觉得无所适从，不知如何选择。为了从众多的产品和服务信息中选择他们所需要的信息，消费者必须耗费许多的时间和精力去了解到哪里选、怎样选之类的问题。例如，一个消费者想上网购买婴儿用的护肤品，他必须花时间和精力弄清楚哪些网站卖这样的产品，然后选哪些品牌的护肤品，最后比较网站产品的可

靠性和安全性。而在传统的商务模式下，消费者是在有限的空间内（如一个城市或城镇的商场）获得符合他们需求的商品和服务。

（三）学习成本

选择网上购物的消费者必须具备两个方面基本能力：一是网页浏览的能力，二是网上购买的能力。这两方面的能力都需要消费者不断学习。消费者不但要支付一定的学习费用，如熟悉计算机操作的基本知识和网络环境，而且需要花费许多时间和精力学习，尤其对于年纪大的消费者来说所支付的学习成本更高。理性的消费者比较在意这些支付的费用是否可以从网上购物或者企业对消费者的其余优惠中获得补偿，而在传统商务模式下的消费者可以完全摆脱这两个方面的限制，直接到有形的交易地点购买即可。

（四）安全成本

网上购物的消费者最大的顾虑是安全问题。许多消费者一是担心他们的账户和密码被盗，二是担心支付缺乏相应的凭证，三是担心网上产品的安全性能是否达到规定的标准，如人命关天的药品、食品等。这些是消费者网上购物的最大障碍，也是电子商务环境下的消费者支付最大的隐性成本。美国的一项研究分析表明，八成左右的消费者认为网上购物的最大障碍是安全问题。因此，有效降低消费者的安全成本，是增加网上购物者的切实可行的方法。因为网上顾客是电子商务企业获取利润的源泉，只有赢得网上顾客，企业才能生存和发展，否则再人性化、再美丽的网站也是海市蜃楼。

（五）休闲成本

许多消费者把上街购物当作一种休闲，而不是一种浪费时间和精力的活动。他们把在有形的具体的商店溜达当作一种享受，用感官感受琳琅满目的商品，是自己在繁忙的工作之后放松的一种方式。忙碌的都市女人总喜欢选择周末或节假日逛街，在服装店穿梭，体会穿上漂亮服装的满足感和快乐感。而在电子商务模式下的消费者，他们主要是在计算机前完成购物活动，无法体会到购物的悠闲和乐趣，无法用感官感受到实在的、具体的商品和服务，本章把消费者支付的这部分隐性成本称为休闲成本。尤其是服装购买的消费者，无法体会各种款式、颜色、大小的衣服试穿的快乐，无法判定那些看起来非常好的衣服是否适合自己的个性和身材。对于网上经营的服装企业来说，休闲成本所占的比重比从事经营其他行业的企业大；对于男性消费者而言，女性支付的休闲隐性成本更大。

四、感知风险

（一）感知风险的提出

感知风险的概念最初是由美国哈佛大学教授雷蒙德·鲍尔于1960年提出来的。他认为，消费者的任何购买行为都可能产生其自身无法预见的结果，而这些结果有可能是令人不愉快的。鲍尔在提出这一概念的时候特别强调他只关心主观风险，即感知到的风险，而不关心真实世界存在的风险，即客观风险。从感知风险的定义可以看出，感知风险主要包括两个方面的因素：决策结果的不确定性；做出错误决策产生后果的严重性。决策结果的不确定性，例如，我们买了一台电视机，可能它的性能很好，也可能存在一些问题，如经常自动关机，图像不清晰等。做出错误决策产生后果的严重性，即损失的重要性，例如，如果买的电视机总是出现问题，会不会影响我们正常的娱乐，会不会给我们的眼睛带来伤害等。

（二）感知风险的产生

与传统的购物相比，电子商务市场具有市场信息获取容易、管理的低成本和低障碍等优势。对于进行网络购物的消费者而言，他们在互联网上获取市场信息的成本更低、方式更多、效率也更高，从而消费者网上购物的交易成本也更低。然而电子商务市场上较高的信息效率，和人们进行商务活动时要求的较高的市场效率是两回事。与传统市场比起来，网络市场中信息不对称问题甚至更严重，这是由交易主体的虚拟性、交易对象的不完全感知性和交易过程的不同步性造成的。传统购物中交易主体的性质是明确的，网络购物中交易主体是虚拟的；传统购物中消费者可以"口尝、鼻闻、耳听、手摸、眼观"，这可以减轻购物中的不确定性感觉，而网络购物中消费者只能通过网站上对产品有限的、真实或不真实的信息来比较判断，这加重了消费者购物中的不确定性感觉；传统购物中物流和资金流是同步进行的，而网络购物中产品需要通过一段时间的线下配送才能送达消费者手中，这样物流和资金流的分离加重了消费者购物中的不确定性感觉。

互联网上信息的不对称使消费者网上购物时处于很明显的劣势，消费者在网上购物时由于所需信息的匮乏，做出决策要面临很大的风险和不确定性。感知风险的形成需要经过消费者复杂的心理活动，消费者的行为反应并不是直接由外界的刺激导致的，消费者在网络购物时面临的客观风险作用于其感觉器官，再经过内心复杂的心理活动，最终形成感知风险，消费者会根据自身对风险的承受能力采取相应的行为。

（三）感知风险对消费者行为影响

1.感知风险维度

著名学者罗斯维斯在对消费者降低感知风险方法的研究中提出了消费者在做出购买决策时可能面临的四种损失：时间损失、危险损失、自我损失和金钱损失。罗斯维斯提出的这四种损失分别等同于时间风险、身体风险、心理风险和经济风险。在罗斯维斯之后，诸多学者对感知风险的维度进行了补充：著名学者雅各比和长普兰测量了消费者对12种不同产品的感知风险，以148名学生为研究对象，经研究发现社会风险、身体风险、心理风险、功能风险和经济风险可以解释总体风险的61.5%。除了以上感知风险的五个维度外，著名学者麦肯耐特首次提出了来源风险，作为感知风险的又一维度，来源风险是消费者在购物过程中对商家信任度的大致感知，是消费者担心因为购买产品让商家给自己带来伤害的风险，比如该商家的公司可能根本不存在。著名学者耶尔文佩和托德首次提出了隐私风险的概念，认为隐私风险是网上商家没有经过消费者允许非法收集并滥用消费者个性信息，造成消费者隐私泄漏的风险。著名学者费瑟曼和帕夫卢经研究证实在电子商务活动中感知风险的维度包括社会风险、心理风险、隐私风险、时间风险、功能风险和经济风险六个维度，并从这些角度研究消费者接受电子商务的程度。

2.背景变量对感知风险影响

许多学者围绕背景变量（消费者性别、年龄、网购经历等）与网上购物感知风险的关系展开研究。著名学者斯坦顿和著名学者埃克福德发现购物经历对感知风险有显著作用。如果消费者对网络购物流程很熟悉，收集信息就会更容易，这样感知风险就会降低。购物经验与感知风险呈显著负相关，即购物经验越多，感知风险就会越低。在性别方面，男性消费者更容易从事冒险行为，所以男性消费者在购物过程中，感知风险较低；女性消费者购物时往往谨小慎微，决策相对困难，感知风险较高。在年龄方面，年龄较大者，更容易接受网上购物，感知风险较低。这是由于年长者对自己的消费偏好比较清楚，不需要依赖实际商品检验来决定购买；另外，网上购物可以节省更多的时间，年长者时间一般很有限，所以年长者在决策过程中感知风险会较低。

3.感知风险对消费者行为影响

著名学者海登结合了TAM检验模型以及感知风险理论对购物态度与意图的影响关系，采用学生在实验室情景模拟的方式，通过学生对两个CD网店的模拟购买收集数据，通过实证分析，得出如下结论：消费者感知风险对购物态度有显著负相关的影响，即消费者感知风险越低，购物态度越积极正向；感知风险对购物意向没有显著直接影响，但是可以通过购物态度间接影响行为意向。学者杜林和斯图亚特针对新西兰的消费者收集了741份有效样本数据，再次证实了感知风险对消费者网购行为的关系，其中隐私风险和产品因素对消费者购物态度的影响最为显著。

五、信任对电子商务环境下消费者行为影响

在电子商务高速发展的今天，信任越来越受到人们的关注。在虚拟的电子商务活动中，如果没有信任，交易双方根本无法进行沟通交流，信任是开展电子商务活动必备的要素。消费者在电子商务环境下进行购物时会受信任的影响，前人已经对电子商务环境下的信任进行了深入的研究，对影响信任的因素进行了广泛的探讨。

耶尔文佩等学者发现，商店的声誉和规模这两个因素显著影响消费者对网上商店的信任，进而决定其购买意愿，他认为在电子商务环境下，信任是指消费者对商家履行承诺的感知程度，是对商家诚实行为的认识程度；同时他还提出了一个因果关系模型，为了验证模型的正确性，耶尔文佩对296名MBA学员进行了问卷调查，对所获得的数据采用因子分析、多元回归方法进行了定量研究，研究表明交流对信任的建立有正向影响，据此他指出应通过图片、视频等手段提高网页设计的人性化程度，通过网站增进顾客对商家的理解感悟。学者李和图尔班经研究证实，消费者的信任倾向会通过安全因素、网站购物环境、在线商家的可信任度三方面因素共同作用于信任。其中安全因素是指在线商家是否通过第三方认证，对消费者购物过程中的安全问题是否有很好的解决措施；网站购物环境是指购物网站的设计是否体现了商家的实力，让消费者感觉比较可靠等；在线商家的可信任度是指商家是否具备提供服务的能力、是否对消费者诚实、对消费者是否友好善意。学者瓦尔楚赫和郎格恩主要研究了影响消费者对网上购物信任的心理决定因素，包括基于感知因素、基于经验因素、基于知识因素。学者盖芬和斯特劳布研究了消费者信任倾向、对网站的熟悉度、社会参与对信任的影响，信任又决定消费者的购买动机，盖芬通过对250名大学生进行问卷调查收集数据，进行实证分析，验证了其建立的信任、购买意愿、交流、熟悉四变量因果模型，提出要增进消费者对购物网站的信任需要提高消费者对购物网站的熟悉程度，增进其对网站的了解。学者塔恩和萨瑟兰就B2C环境下的信任问题进行了研究，从理论上发展了一种网络商业信任的多

维模型，把消费者信任看成是三维构建，包括个人信任倾向（消费者维度）、人际信任（卖者维度）和制度信任（互联网维度），研究发现三个维度互相影响，共同影响购买决策。

七、电子商务环境下商家的信誉

（一）信誉的形成

电子商务活动的虚拟性和沟通的匿名性，使消费者在购物时的风险比传统购物环境下的风险大很多，为了降低风险，消费者需要搜集更多更为可靠的信息。在这种情况下，消费者一般会把商家的信誉水平作为重要的参考依据。而网站商家也需要培育良好的信誉，以便向消费者传递简单、快捷、可靠的购买信息，促进消费。

消费者在网购后会根据自己的满意程度给在线商家评分，这些评分通过商家的信誉评级系统，不断累积形成商家的信誉。在电子商务活动中，商家的信誉是一个形象标识，可以直观地呈现在商家的购物网站上，这个既定的信誉等级可以为其他消费者提供参考。在电子商务活动中，这种信誉评级系统可以起到鼓励商家诚信经营，增进消费者信任的作用。一个良好的信誉评级系统应满足以下三个基本条件：第一，能有效地激励在线交易者成为守信者；第二，能为消费者准确地区别守信和失信提供充分的信息；第三，能惩罚商家的失信行为。

（二）信誉的特点

电子商务环境下在线商家的信誉集中反映了企业的经营行为与消费者对其认知的相互关系。网络商店信誉是其一系列策略活动和行为所形成的无形战略资源，但是这种资源需要通过消费者对其认知和预期反映出来，商家信誉的核心功能是向消费者传递企业可信任的信息，从而获得消费者的信任。电子商务环境下的商家信誉除了具有传统企业信誉具有的信息性、无形性、累积性外，还具有以下三个基本特性：

1. 直观性

商家和消费者都了解信誉的重要性，但是在传统商务活动中，商家的信誉是无形的，让消费者无法快速了解一个企业信誉的基本内在信息，而在电子商务环境下，通过网络系统的算法设置，很容易实现对在线商家信誉的测量，并以星级和分数的形式，直观地把抽象的信誉展示在在线商家的主页上。

2. 导向性

电子商务环境下，商家的信誉作为能够反映商家内在特征的一种信息，成为消费者购买决策过程中的重要参考依据，消费者对在线商家的评价，成为商家信誉形成并得以传播的主要途径，为了能够更好地保障消费者的利益，很多网站开始从信息流、资金流和物流三方面为消费者提供整合安全的购买服务。比如淘宝商城中的阿里旺旺即时沟通工具和支付宝付款保障系统，这些都保障了消费者支付的安全和信息的对称。在线商家的信誉评价，完全根据消费者的评分结果进行统计计算，在线商家的信誉与消费者的满意度评价基本保持一致。

3. 动态性

在线商家的信誉会随消费者的评价动态变化，这样，在线商家不管是出于竞争压力还是自身盈利的需要，都会主动不断改进自身服务，以确保自己的信誉等级能始终保持良好的状态。

第四章　新时期的网络消费者行为模式

本章主要内容是新时期的网络消费者行为模式，依次介绍了三个方面的内容，分别是网络经济与网络消费者、传统商品展示与网络商品展示的差异和影响消费者网络购买的因素。

第一节　网络经济与网络消费者

一、网络经济环境综述

（一）网络经济与企业社会环境

由于经济全球化和信息化的不断发展及深化，网络经济规模得到了巨大发展。当今世界，网络媒体、网络产业、网络服务、电子商务、移动商务、智慧商业等网络经济形式迅速崛起，并受到社会各界的广泛重视。基于资源共享和信息交换的网络经济，不仅改变了长期以来传统的社会经济运行结构，而且改变了社会的生产方式、人们的价值观念及竞争状态。

网络经济的兴起，极大地冲击着传统经济学理论与方法，甚至改变了一些经济特性。但是，即使现代信息技术和通信技术在不断发展进步，基本的经济原理在经济行为活动中仍然能起到指引作用，特别是在网络经济时代兴起的电子商务行业，在观察与分析其竞争环境和盈利潜力时，首先分析了解该产业的经济特性是最重要的工作，这样才能根据电子商务领域的经济特性来透视电子商务的发展现象和发展规律。据笔者不完全分析，在现代信息技术、通信技术和数字技术驱动下的网络经济具有以下一些鲜明的特征：

（1）互联网可以连接所有的经济主体，促成整个社会经济系统的网络化。网络经济就是通过这种连接而形成的，由于连接方式的不断变化与创新，整个经济系统逐渐形成一个错综复杂的网络结构。

（2）信息资源共享是互联网络建设的基本动力和初始目的之一。由于信息时代信息资源的共享全面而深入，构造了大量新的资源基础，知识和信息资源得到了广泛利用，减少了其他资源的消耗，经济发展的前景得到了充分拓宽。

（3）增大了经济活动的风险。因为网上经济行为是一种虚拟的经济行为，这提高了整个经济系统的虚拟化程度，创造了许多优势，同时扩大了经济活动的风险。

（4）经济活动突破了时间的约束，并呈现出即时性的特征。由于互联网的存在，网络经济环境中的各种交流或交易活动可以不受限制地在任何时候进行。同时，缩短了经济活动相互影响和相互作用的时间滞差，网络经济的即时性特征凸显。

（5）经济活动突破了空间的约束。市场活动空间范围扩大到了全世界各个角落；网上无形市场成了经济活动开展的重要场所，对不同地域内经济合作与竞争的模式和机制进行了创新。

（6）经济主体间的协同作用加强，通过网络技术对信息的协同处理，以及各种经济主体的信息共享给相互之间的市场行为带来了协同性。

（7）各类经济活动的中间层次减少，整个经济过程的链条缩短。比如生产者和消费者通过网络的直接联系，缩减了中间环节。

（8）对网络经济效益的追求，改变了经济主体的行为方式，促进了社会经济效益的全面提高。

（9）管理信息系统的广泛应用和全社会信息共享，提高了社会经济和企业经济的开放度和透明度。

（10）经济国际化和全球化进程加快，形成全球网络经济，从而促进了全球市场的形成与扩展。

（11）信息网络和资源共享为各种经济主体提供了更多创新机会，网络经济创新性强盛。

（12）网络资源和信息资源的充分利用，改变了传统经济增长模式，有利于可持续发展。

（二）网络经济对社会环境的影响

信息技术和网络经济对整个经济系统，具有倍增效应、协调效应、组织效应、加速效应、重组效应、提升效应、扩散效应、先导效应、科技主体效应等功能作用。更重要的是从经济效益的角度来看，一方面，网络经济本身具有规模经济性，连接网络的企业用户和个人用户数量越多，对网络经济本身，以及企业和个人来说效益就越大；另一方面，由于互联网技术能协助企业组织缩短决策、生产、销售的时间，加快各企业组织对市场的反应速度，大大缩短传统经济行为中存在的各种地域等因素引起的时间滞差，从而提高了速度效益和时间效益。

网络经济是计算机技术发展到互联网时代的必然产物，随着有线与无线互联网技术的应用及普及，网络经济时刻影响人们的生活质量、工作效率及思维方式。网络经济的发展改变了人们的消费方式和生活模式，拉高了居民消费水平，提升了网络服务业的比重，加大了经济增长的科技含量，一定程度上为转变经济增长方式，促进经济结构的转型带来了极大的推动作用。

无处不在的互联网结构显著地扩大了经济主体的范围，催生了一批网上虚拟企业、动态企业联盟等新型经济组织，促进了产业的多元化经营和集群化发展。在网络环境下各类管理软件的应用，协同电子商务的发展，使网络经济的宏观层次和微观层次都能产生协同效应，提高经济效益，降低交易费用，产生了网络经济的协同效益或协同经济性，释放出巨大的外部经济效益，使整个社会的结构、运行和管理过程，以及人们的生活方式都发生巨大的变革与创新。

网络经济跨越时间和空间的限制，疏通了国际之间的交流与合作，使更多的外国企业和消费者更好更深层次地了解、熟悉国内的市场环境，为开展相关贸易投资和金融合作活动提供了基础。同时，有利于维护和发展国际客户关系，随时进行多向互通式沟通，有利于企业和产品国际品牌的打造，打开国际市场。另外，国与国之间可以通过网络实现跨地区、跨国界交易，使公司与多家跨国企业之间进行买卖交易，促使经济融入全球市场，进一步拓展了国际市场。

二、网络消费者及其行为特征

（一）网络消费者概念

关于网络消费者的概念，至今没有明确的定义。结合对网络消费的理解，我们可以对其给出以下定义：以网络为工具，通过互联网在电子商务市场中进行消费和购物活动的消费者人群。网络消费者不同于网民，网民的定义一般有两种，一是CNNIC（中国互联网信息中心）的定义即"平均每周使用互联网至少1小时"；二是WIP（全球互联网研究计划）的定义，即"你现在是否使用互联网"。无论哪一种定义，网民的概念都比网络消费者的概念宽得多。网络消费者一定是网民，但网民不一定是网络消费者，因为网民的网络行为多种多样，如网上休闲娱乐、网上学习、网上炒股等，而不限定在网上购物这一单一的行为上。

（二）网络消费者主体特征

消费者主体特征是指消费者所具有的影响消费者网上购物行为的相关特征。经过文献整理，国内外研究经常考察的个体特征包括消费者人文统计特征、个性心理特征、消费者网络经验和消费者购物导向等。

1. 网络消费者人文统计特征

根据创新扩散理论，早期的创新使用者具有一些如收入高、年龄小、教育水平高等统计特征，许多调查与实证支持以上观点。网络消费者人文统计变量主要指四个变量——年龄、性别、教育程度和收入。它们能够影响消费者对网上购物有用性、便利性、享乐性的感知。一般来说，受教育程度和经济收入水平具有正相关的关系，消费者的受教育程度越高，就越容易接受网络购物的观念和方式，越容易接受新事物，网络购物的频率就越高。同时，收入水平的提高为消费提供了坚实的物质基础。

2. 网络消费者的个性心理特征

个性指一个人稳定的心理特征，在很大程度上影响着消费者的行为。网络时代消费者在选择产品和服务时，已不单纯追求产品本身的功能和质量，在某种程度上，他们更在乎的是产品和服务能否体现自己的个性，符合自己个人的特殊需求。他们要求每一件产品和服务都能够按照其个人爱好和需要定制生产，要求用最低的价格买到优质的产品和服务，要求服务的快捷，更喜欢进行品牌消费。自我概念是个体对自身一切的知觉、了解和感受的总和。一般认为，消费者在选择和购买商品的时候，不仅仅是为了获得产品所提供的基本功能和效用，还要获得产品所代表的象征价值。比如，购买"宝马"的消费者已经不再将汽车看作一种单纯的交通工具，而是向别人传达关于自我概念的信息，如显示自己的身份、地位等。

3. 消费者的网络经验

网络作为一种新型的购物方式，消费者需要具备一定的相关网络知识和技能，如检索信息、了解零售网站的信息、使用计算机与购物程序等。随着消费者网络经验的增加，掌握的网络购物技能及信息资源也随之增加，从而越有可能在网上购物。学者宫琦和费尔南德斯指出，尽管风险是阻碍消费者网络购物的重要原因，但是大多数的风险感知源自消费者对这种全新远程购物方式的不熟悉，因此，单纯的网络经验、技能可以降低对风险的感知，从而提高购物意向与实际购买率。

4.消费者购物导向

消费者购物导向是个体对购物行为的总体倾向。消费者购物导向可以分为：便利型、体验型、娱乐型、价格型。不同的购物导向对网络购物的偏好有所不同。便利是网络购物的最大优势。消费者可以轻易在任何时间、任何地方搜寻并购买自己需要的产品，避免了实体商店购物的一系列麻烦。因此对于便利导向的消费者而言，网络购物提供的效用比较大，消费者也越倾向于网络购物。然而网络购物也存在着无法接触商品、缺乏娱乐性等缺陷，对体验导向型消费者而言，在网络购物中，无法真正触摸到、感觉到及使用产品，从而会影响他们对网络购物的参与，其更倾向于传统的购物方式。此外，在网络购物环境下，商品的展示、买卖双方的交互及交易过程都是通过计算机与网络完成的，它无法满足消费者购物时的人际互动、社会交往等方面的需求，因此网络购物对娱乐导向型消费者的吸引力比较低。而且，价格导向型消费者对网络渠道没有明显的偏好，只有网络渠道比传统渠道具备更低的价格优势，才可引起此类消费者对网络购物的积极参与。

（三）网络消费者心理特征表现

营销发生变革的根本原因在于消费者。随着市场由卖方垄断向买方垄断转变，消费者主导的时代已经来临，面对更为丰富的商品选择，消费者心理与以往相比呈现出新的特点和发展趋势，这些特点和趋势在电子商务中表现得更为突出。

1.追求文化品位的消费心理

消费动机的形成受制于文化和社会传统，具有不同文化背景的人选择不同的生活方式与产品。美国著名未来学家约翰·纳斯比特夫妇在《2000年大趋势》一书中认为，人们将来用的是瑞典的宜家家具，吃的是美国的麦当劳、汉堡包和日本的寿司，喝的是意大利咖啡，穿的是美国的贝纳通，听的是英国和美国的摇滚乐，开的是韩国的现代牌汽车。尽管这些描写或许一时还不能为所有的人理解和接受，但无疑在互联网时代，文化的多样性带来消费品位的强烈融合，人们的消费观念受到强烈的冲击，尤其青年人对以文化为导向的产品有着强烈的购买动机，而电子商务恰恰能满足这一需求。

2.追求个性化的消费心理

消费品市场发展到今天，多数产品无论在数量上还是质量上都极为丰富，消费者能够以个人心理愿望为基础挑选和购买商品或服务。现代消费者往往富于想象力、渴望变化喜欢创新、有强烈的好奇心，对个性化消费提出了更高的要求。他们所选择的已不再是商品的实用价值，更要与众不同，充分体现个体的自身价值，这已成为他们消费的首要标准。可见，个性化消费已成为现代消费的主流。

3.追求自主、独立的消费心理

在社会分工日益细分化和专业化的趋势下，消费者购买的风险感随着选择的增多而上升，而且对传统的单项的"填鸭式""病毒式"营销感到厌倦和不信任。在对大件耐用消费品的购买上表现得尤其突出，消费者往往主动通过各种可能的途径获取与商品有关的信息并进行分析比较。他们从中可以获取心理上的平衡以减轻风险感，增强对产品的信任和心理满意度。

4.追求表现自我的消费心理

网上购物是出自个人消费意向的积极的行动，消费者会花费较多的时间到网上的虚拟商店浏览、比较和选择。独特的购物环境和与传统交易过程截然不同的购买方式会引起消费者的好奇、超脱和个人情感变化。这样，消费者完全可以按照自己的意愿向商家提出挑战，以自我为中心，根据自己的想法行事，在消费中充分表现自我。

5.追求方便、快捷的消费心理

对于惜时如金的现代人来说，在购物中即时、便利显得更为重要。传统的商品选择过程短则几分钟，长则几小时，再加上往返路途的时间，消耗了消费者大量的时间、精力，而网上购物则弥补了这些缺陷。

6.追求躲避干扰的消费心理

现代消费者更加注重精神的愉悦、个性的实现、情感的满足等高层次的需要满足，希望在购物中能随便看、随便选，保持心理状态的轻松自由，最大限度地得到自尊心理的满足。但传统购物中商家提供的销售服务却常常对消费者构成干扰和妨碍，有时过于热情的服务甚至会吓跑消费者。

7.追求物美价廉的消费心理

即使营销人员倾向于以其他营销差别来降低消费者对价格的敏感度，但价格始终是消费者最敏感的因素。网上商店比起传统商店来说，能使消费者更为直接和直观地了解商品，可以精心挑选和货比三家。针对消费者的这种心理，电商网率先在全国开通了"特价热卖"栏目，汇总了知名网站如新浪、8848、网猎、所有、酷必得等30多个热卖网站的信息。消费者只要进入电商网的"特价热卖"专栏，就可以轻松获得各个热销产品的信息以及价格，进而通过链接快速进入消费者认为适合的网站，完成购物活动。这种网上购物满足了消费者追求物美价廉的心理。

8. 追求时尚商品的消费心理

现代社会新生事物不断涌现，消费心理受这种趋势带动，稳定性降低，在心理转换速度上与社会同步，在消费行为上表现为需要及时了解和购买到最新商品，产品生命周期不断缩短。产品生命周期的不断缩短反过来又会促使消费者的心理转换速度进步加快，传统购物方式已不能满足这种心理需求。

（四）网络消费群体特征

1. 注重自我

由于目前网络用户多以年轻、高学历用户为主，他们拥有不同于他人的思想和喜好，有自己独立的见解和想法，对自己的判断能力也比较有信心。所以他们的具体要求越来越独特，而且变化多端，个性化越来越明显。因此，从事网络营销的企业应想办法满足其独特的需求，尊重用户的意见和建议，而不是用大众化的标准来寻找大批的消费者。

2. 头脑冷静，擅长理性分析

由于网络消费者是以大城市、高学历的年轻人为主，不会轻易受舆论左右，对各种产品宣传有较强的分析判断能力，因此从事网络营销的企业应该加强信息的组织和管理，加强企业自身文化的建设，以诚信待人。

3. 喜好新鲜事物，有强烈的求知欲

这些网络消费者爱好广泛，无论是对新闻、股票市场还是网上娱乐都具有浓厚的兴趣，对未知的领域报以永不疲倦的好奇心。

4. 好胜，但缺乏耐心

这些用户以年轻人为主，比较缺乏耐心，当他们搜索信息时，经常比较注重搜索所花费的时间，如果连接、传输的速度比较慢的话，他们一般会马上离开这个站点。

以上这些特点，对于企业加入网络营销的决策和实施过程都是很重要

的。营销商要想吸引顾客，保持竞争力，就必须对本地区、本国乃至全世界的网络用户情况进行分析，了解他们的特点，制定相应的对策。同时，从事网络营销的企业应该加强信息的组织和管理，加强企业自身文化的建设，以诚信待人。

（五）网络消费者类型

进行网上购物的消费者可以分为六种类型，简单型、冲浪型、接入型、议价型、定期型和运动型。

1. 简单型消费者

简单型的消费者需要的是方便直接的网上购物，他们每月只花7小时上网，但他们进行的网上交易量却占了一半。时间对他们来说相当宝贵，上网的目的就是快捷地购物，购物前他们有明确的购物清单。零售商们必须为这一类型的人提供真正的便利，让他们觉得在你的网站上购买商品将会节约更多的时间。要满足这类人的需求，首先要保证订货、付款系统的方便、安全，最好设有购买建议的页面，例如设置一个解决各类礼物选择问题的网上互动服务，为顾客出主意，最起码也要提供一个易于搜索的产品数据库，便于他们采取购买行为。另外，网页的设计力求精简，避免过多的图像影响传输速度。

2. 冲浪型消费者

冲浪型的消费者数量占网民数量的8%，而他们访问的网页是其他网民的4倍。很多冲浪者在网上漫步仅仅是为了寻找乐趣或找点刺激。冲浪型网民对常更新、具有创新设计特征的网站很感兴趣。互联网包罗万象，无所不有，是一个绝好的"娱乐媒体"，在这里可以玩游戏竞赛、访问很"酷"的站点，看有趣的个人网页，听音乐、看电影，了解占星术、烹饪、健身、美容等。正是因为这类冲浪者的存在，才使网站投其目标用户所好成为可能。

3. 接入型消费者

接入型的网民是刚触网络的新手，占网民的36%，他们很少购物，而喜欢网上聊天和发送免费问候卡。那些有着著名传统品牌的公司应对这群人保持足够的重视，因为网络新手们更愿意相信生活中他们所熟悉的品牌。另外，由于他们的上网经验不足，一般对网页中的简介、常见问题解答、名词解释、站点结构图等链接感兴趣。

4. 议价型消费者

议价型消费者数量占网民数量的8%，他们有一种趋向购买便宜商品的本能，eBay网站一半以上的顾客属于这一类型，他们喜欢讨价还价，并有强烈的愿望在交易中获胜。因此，站点上"free"这类字样犹如现实生活中的"大减价""清仓甩卖"等字样一样，对他们具有较强的吸引力。

5. 定期型消费者

定期型的网络使用者通常都是为网站的内容所吸引，定期网民常常访问新闻和商务网站。

6. 运动型消费者

运动型的网民喜欢运动和娱乐网站。对这类消费者，务必保证站点包含他们所需要的和感兴趣的信息，否则他们会很快跳过这一网站而转入其他网站。

三、网络消费者行为特征

网络消费是建立在先进的信息技术平台上的，它的活动空间不是传统的有形实体产品交换空间，而是电子空间。电子商务模式下，消费者行为相对于传统的商业模式，表现出下列的几个特点。

（一）选择范围扩大

在传统的营销环境下，消费者在有限的空间内（如一个城市）选择有限的商品，而在电子商务环境下，由于网络系统强大的信息处理能力，为消费者挑选商品提供了空前的选择余地。对个体消费者来说，他们可以"货比三家"，不受干扰地、大范围地选择品质最好、价格最便宜且最适合自身需要的产品和服务，而不会因为信息不对称、地理环境条件所限、商家的热情劝说等原因购买一些并不喜欢或不需要的商品。

（二）直接参与生产和流通循环

在传统的营销环境下，消费者所选择的产品和服务是企业已经设计制造出来的，产品和服务通过各种销售渠道最终到达顾客的手中。在这种模式下，消费者无法表达自己的意愿和要求。同时由于技术、资金各方面的限制，企业无法满足顾客多方面的需求。作为现代的消费者，他们往往比较自主，独立性很强，随着互联网技术的发展，消费者已经不习惯被动式的单向沟通，他们善于和乐于主动选择信息并且进行双向沟通，"地毯式"和"袭扰式"的营销宣传对他们未必奏效。为了减少购买的知觉风险，消费者会主动去获取各种与商品有关的信息并进行比较，综合考虑各种因素后才会做出消费决策。在电子商务模式下，消费者和生产者直接构成了商业的流通循环，消费者经常作为营销过程中一个积极主动的因素去参与企业产品的生产经营过程，与企业间形成双向互动。在这个过程中，消费者将充分发挥自己的想象力和创造力，积极主动地参与商品设计、制作和加工，通过创造性消费来展示自己独特的个性，体现自身价值。这样，厂家生产出来的产品不仅能够满足消费者物质方面的需求，还能满足他们在心理、情趣、审美乃至自我实现方面的需求。

（三）对购买方便性的需求增强

随着现代化生活节奏的加快，人们越来越珍惜闲暇时间，越来越多的消费者以购物的方便性、快捷性为目标，追求时间和劳动成本的节省。消费者希望以最少的时间和最低的成本，最方便地购买到他们需要的产品和服务。传统的购买方式下，人们选择商品往往要花费大量的时间和精力，给消费者带来很大的不方便。而在网络经济环境下，消费者不受时间和空间的限制，可以在任何时间、任何地点足不出户选择和购买满足自己需要的商品和服务。技术的不断发展，社会基础设施的不断提高，消费者可以随时随地上网购物，如通过个人手机终端、办公室PC、家庭交互电视、路边的上网终端、公共场所上网等等，既方便又简单。因而相对于传统的店面购物模式，消费者选择更加自由方便。

（四）追求个性化消费方式

在网络环境下，消费者在购物过程中有效避免了环境的嘈杂和各种影响的诱惑。网络系统强大的信息处理能力，使消费者在选择产品时有了巨大的选择余地和范围，不受地域和其他条件的制约。消费者在购买活动中的理性大大增强，理性增强的结果是需求呈现出多样化的特点，个性化随之显现出来。当然，经济的不断发展，人们收入水平的提高，也促进了消费的个性化。传统的零售业在面对消费者个性化方面要付出较高的成本，而通过先进的网络技术，上网用户的一举一动几乎都能被记录，可以使企业更好地了解他的顾客群，并且为消费者提供完全个性化的定制服务。所以，网上的产品或服务的推销将日趋个性化，盲目促销将会大大减少，个性化消费成为消费的主流。

（五）消费行为的信息化

在网络消费时代，B2C电子商务的迅速发展很大程度上改变了新兴消费者的信息搜集方式，他们由以往的被动信息接收者转变为积极主动的信息搜寻者，尽可能多地获取、占有信息，成为新兴消费者行为的重要组成部分。信息占有之所以受到新兴消费者的高度关注，是因为拥有充分信息可以使他们在购

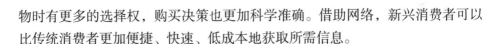

物时有更多的选择权，购买决策也更加科学准确。借助网络，新兴消费者可以比传统消费者更加便捷、快速、低成本地获取所需信息。

（六）隐秘性

在传统商店购物时，总要接触到服务员，有时还会有旁边的顾客，会有人群所带来的压力。但是网上购物是可以不接触到人的，给购买某些私密性较强的商品和愿意自助购物的消费者提供了一个非常宽松的环境。随着网上商品信息的不断完善，消费者可以轻松获得商品的各种各样的信息而不需要其他人的服务。

（七）全球性

随着全球信息技术和物流系统的完善，网络经济将会真正走向全球化，网站的访问者可能来自世界各地，所以企业要想取得竞争优势，要做好多语种的网站。

第二节　传统商品展示与网络商品展示的差异

一、传统商品展示

（一）传统商品展示的渠道

在社会发展的早期，人们基本上处于生活资料自产自用的阶段。为了获得更丰富的生活物资，更好地实现资源共享，人们将剩余的物品换取等值的其他物品以便生活之需，逐渐进入了物物交换的时代，随即产生了用于交换的劳动产品，即商品。随着社会货币的出现，渐渐形成了专供大家交换物品的集市，每逢一定时间，人们来到集市摆设摊位陈列自己的剩余物品以换取货币，然后再去购买别人摊位上自己所需的物品，这是最早的也是最简单的商品展示。

随着时代的演变，今天的商品展示可谓形式多样，各有千秋。传统的商品展示渠道可分为店铺展示、场馆展示和展会展示三种形式。

店铺展示以商品的展示陈列为主要内容，也称商店展示或商品陈列。店铺商品展示着重于商品的陈列与形象展示，具有鲜明的展示与陈列特性。

场馆展示是指专门为商品销售和商品展览而建造的展示场馆或展示空间，

最常见的是大型商场、大型购物中心等专门建造的特定的商品展示空间。

展会展示是商品展示活动的一个重要类型，主要可以分为两大类别：一类是综合性和主题性的博览会，如"上海世界博览会""中国出口商品交易会"等；另一类是专业性和专题性的展览会，如"底特律国际汽车博览会""中国机械工业博览会"等。长期以来，各类展会对促进地方经济与文化发展起着积极的作用。

（二）传统商品展示的基本原则

1. 安全性原则

传统商品展示的第一要务是要保证商品陈列的安全性，确保商品放置稳定，保证商品不易掉落。严格进行商品卫生管理，确保商品的卫生安全；坚决杜绝陈列非安全性商品，如超过保质期的商品、鲜度低劣的商品、有破损的商品、变味的商品等。

2. 易观看、易选择性原则

商品展示要符合人的视觉流动规律，人在购买商品的过程中产生购买意向的过程一般是通过搜寻注视商品，对商品产生兴趣并展开联想，从而产生购买冲动，在通过比较权衡以后，对商品表示信任和满意，然后进行购买。搜寻、观察和审视商品是购买的第一步，商品展示与陈列必须首先方便顾客的搜寻、观察和审视。

从人体工程学的角度分析，正常情况下人眼是有一定的视觉范围的，水平方向上最容易观察到的视觉范围在110°—120°，可视宽度范围为1.5—2m，在店铺内步行购物时的视角为60°，可视范围为1m左右。

在垂直方向上，由人的视线角度向下15°是商品最容易被发现的位置。在传统的商场与超市，商品展示与陈列要以人的视线流动和视觉范围为依据，把特定的促销商品放到人视线最易发现的位置，达到商品销售的目的。

3. 易取、易放回性原则

在传统的商品展示中，顾客在选择购买商品的时候，一般情况下都会将商品拿到手中，从各个角度对商品进行全面细致的观察，或者试用以后，确认是自己意向中的商品后再决定是否购买，如果不购买，顾客也会将商品放回原处。所以传统的实物商品陈列一般应遵守商品的易取性和易放回性原则，否则，可能丧失商品售出的机会。一般情况下，商家都会认真分析与研究商品陈列的位置和状态，如果是货架式的展示，不同货架层面有不同的功能。通常距离地面1.5—1.6m的范围内为黄金层，处在视线的高度，而且触手可及。商家会把利润最高的商品或者要重点促销的商品安排到这一层面陈列与展示，以提高展示的效率。

中端为手最容易触及的高度（男性为70—160cm，女性为60—150cm），这高度被称为"黄金位置"，一般用于陈列主力商品或超市有意推广的商品。

次上端为手可以触及的高度（男性为160—180cm，女性为150—170cm），一般陈列次主力商品。

次下端同样为手可以触及的高度（男性为40—70cm，女性为30—60cm），主要陈列次主力商品。一般都是顾客需屈膝弯腰才能拿到的商品，所以比次上端较为不利。

上端为手不易触及的高度（男性为180cm以上，女性为170cm以上），一般用于陈列低毛利、补充性和体现量感的商品，还可以有一些色彩调节和装饰陈列，常用于陈列成箱包装的商品。

下端（男性为40cm以下，女性为30cm以下），其所陈列的商品基本与上端相同。

4. 环境塑造原则

商品展示与陈列要服从商业空间的整体规划和布局，要致力于营造舒适亲和的购物环境，促进消费者购买意向的产生。对于单件的商品而言，要保持商品的清洁，无论什么情况都不可将商品直接陈列到地板上，要注意去除商品陈列货架上的污迹，保障商品周围环境的清洁；商品的陈列与展示应符合商品本身的特征与季节变化，针对不同的商品与不同的促销活动，设计不同的展示环境和展示方式。通过照明、音乐、灯光等辅助手段渲染购物氛围，或演绎商品使用的实际场景，或演示实际使用方法，达到促进销售的目的。

5. 提供完整的商品信息原则

商品属性是顾客决定购买前必须了解和观察的基本内容，包括商品的规格尺寸、功能与作用、特点与区别、商品的色彩型号、商品的价格等。商品展示与陈列的目的之一就是为顾客提供商品的详细信息。通过视觉手段提供给顾客的商品视觉信息力求全面，顾客一般通过陈列的商品获得信息，决定购买方向。

6. 关联性原则

商品展示的关联性原则是指把分类不同但有互补作用的商品陈列在同一区域，其目的是使顾客在购买一种商品后，能附带购买陈列在旁边的其他关联商品。例如为了提高收益性，将高品质、高价格、收益性较高的商品与畅销品搭配销售。关联陈列法可以使超级市场的卖场整体陈列人性化，同时也会增加顾客购买商品的卖点。

（三）传统商品展示的商品分类技术

商品分类是商品展示或陈列前必须完成的工作，是商品陈列与展示的基础。

商品展示过程中的商品配置分类，不同行业有不同的分类方法。零售业一般按照消费者的消费习惯归类，即把消费者可能购买的关联性产品放在一起。通常情况下有以下几种分类方法。

1. 大分类的分类原则

商品的大分类原则通常依商品的特性来划分，如按照商品的生产来源、生产方式、处理方式、保存方式等进行分类，将类似的商品集合起来作为一个大分类，例如，水产品就是一个大分类，这类商品来源皆与水、海或河有关，保存方式及处理方式也皆相近，因此可以归成一大类。

2. 中分类的分类原则

（1）依商品的功能、用途划分。依商品在消费者使用时的功能或用途来分类，比如说在糖果饼干这个大分类中，划分出一个"早餐关联"的中分类。早餐关联是商品的一种功能及用途的概念，提供这些商品的目的一致，在于让消费者拥有一顿"丰富的早餐"，因此，在分类里就可以集合土司、面包、果酱、花生酱、麦片等商品来构成商品中分类。

（2）依商品的制造方法划分。有时某些商品的用途并非完全相同，若要以用途、功能来划分略显困难，此时，可以就商品制造的方法来加以划分。例如，在畜产品大分类中，可以形成由火腿、香肠、热狗、炸鸡块、熏肉、腊肉等商品集合的"加工肉"中分类。

（3）依商品的产地划分。在经营策略中，有时候商家会希望将某些商品的特性加以突出，又必须特别加以管理，因而发展出以商品的来源、产地作为分类的依据。例如，有的商店很重视商圈内的外国顾客，因而特别注重进口商品的经营，而列了"进口饼干"这个中分类，把属于进口的饼干皆收集在这一个中分类中，便于进货或销售的统计，也有利于卖场的销售。

3. 小分类的分类原则

（1）依功能用途分类。此种分类与中分类原理相同，也是以功能用途来做更细分的商品分类。

（2）依规格、包装形态来分类。分类时，规格、包装形态可作为分类的原则。

（3）以商品的成分为分类的原则。有些商品可以以组成商品的成分来分类。

（4）以商品的口味作为分类的原则。

（四）传统店铺商品陈列的类型

1. 纵向陈列和水平陈列

纵向陈列是指同类商品从上到下地陈列在一组货架内，顾客一次性就能轻而易举地看清所有的商品。水平陈列是把同类商品按水平方向陈列，顾客要看清全部商品，需要往返好几次。所以，零售商品应尽量采用纵向陈列。

2. 廉价陈列和高档陈列

促销花车陈列属于廉价陈列，它给顾客一种全新的感觉，能够刺激顾客的购买欲望。专柜陈列需要给顾客高档的感觉，可以用豪华的货架和灯光处理的方法营造高档的感觉。

3. 样品陈列

商场专柜中具有代表性的商品要单独展示，比如，利用模特衣架立体地向顾客展示新款式的服装。

4. 活动式陈列

对于一些商品，可以采用活动式的陈列，比如服装，营业员选取其中一款，作为制服穿上，也是一种销售技巧，营业员本身就在生动形象地直接给商品做着一种引人注目的最佳展示。

（五）传统商品展示陈列的技巧

1. 左右结合，吸引顾客

一般来说，顾客进入商场后，眼睛会不由自主地首先看向左侧，然后转向右侧。这是因为人们看东西是按照从左到右的顺序，即印象性地看左边的东西，安定性地看右边的东西。在国外已有许多商场注意到人类工程学的这个特点，利用这个习惯，将引人注目的物品摆放在左侧，使顾客停留，以此吸引顾客的目光，充分发挥商场左侧方位的作用，促使商品销售成功。其实，人们的这个特点在其他方面表现也比较突出，如走路朝右边走，有一种安定感；吃饭用右手，形成固定姿势。在人们的心目中，右方是安全的、稳定的。所以，商场的经营者可充分利用这一特征，借商品摆放的不同位置，给顾客以不同感觉，最大限度地吸引顾客的注意力。

2. 相对固定，定期变动

从顾客的角度讲，大多喜欢商品摆放相对固定。这样，当其再次光顾商场时，可减少寻找商品的时间，提高购物效率。针对这个心理特点，商场不妨将物品放在固定的地方，方便顾客选购。但长此以往，又易于失去顾客对其他物品的注意，且产生一种陈旧、呆板的感觉。因而也可在商品摆放一段时间后，调整货架上的货物，使顾客在重新寻找所需物品时，受到其他物品的吸引，同时对商场的变化产生耳目一新的感觉。不过这种变化如果过于频繁，会导致顾客的反感，认为商场缺乏科学化的安排，混乱不堪，继而产生烦躁不安的心理。所以，商品的固定与变动应是相对的、适应的，一般以一年变动一次为宜。

3. 售交之间，拉开距离

目前，许多商场柜台售货，采取在收款台统一交款的方法，这是便于财务管理的一个措施，同时含有更重要的意义。有时人们进入商场实际买的物品总比原来预计要买的物品多，这就是由于商品刻意摆放对顾客心理影响的缘故。商场可设计多种长长的购物通道，避免从捷径通往收款处和出口。当顾客走走看看或寻找收款处时，便可能看到其他一些引起购买欲的物品，所以商场的各收款台位置可有意识地设在离商品稍远的地方，促使顾客在交款的同时，再被其他商品吸引，产生购买欲。

二、网络商品的数字化展示

（一）网络商品数字化展示的特征优势

1. 促进商品营销方式的转变

随着时间观念的增强和生活节奏的加快，消费者只有通过售货员才能够购买到商品的形式已经被打破，这种浪费时间的传统购物方式，远远不能适应当今社会的发展和消费者的消费需求，使企业商品的营销方式被迫向"快速购物"和"娱乐购物"这两个方向转变。随着现代科学技术的不断进步，又出现了更为便捷的购物方式：电视购物或网上购物等。新的购物方式方便了广大的消费者，节省了消费者的等待时间，能够让消费者以最快的速度，在最短的时间内购买到需求的商品。

2. 改变了商品信息传播的形式

网络商品展示弥补了传统信息传播形式的局限性，既继承了以往实体展示空间点对面、面对面的传播形式，又凭借网络的优势，打破以往传统商品展示形式，实现了点对点的传播。

3. 扩大了商品信息传播的容量

互联网作为继广播、电视、报纸之后出现的"第四媒体"有着许多独特的优势，它整合了电视、广播、报纸三大媒体的优势，实现了图片、声音、文字、图像等传播符号与手段的有机结合，使传播的信息更加生动直观，对大众更有感染力和说服力，并且更增加了趣味性。传统三大媒体所传播的信息是有时间和空间限制的，而互联网信息的储存和发布容量是巨大的。

4. 提升了商品信息传播的速度

互联网媒体的传播速度快捷，可以随时随地发布各种与商品相关的信息，具有很强的时效性，互联网打破了传统三大媒体的传播范围的束缚，其受众与消费者不受地方与区域的限制。互联网使信息传播具有速度快、质量高、数量大、不受时间或空间的限制等特征，既可进行同步传输，也可进行异步传输，网络内容的更正或修订简单容易，不需要重新进行输出、印刷或装订等烦琐的步骤，节省大量的人力、物力、财力。

5. 基于互联网的商品信息传播

使电视、广播、报纸和其他传统的大众媒体，在形式上的差异已逐渐减少甚至消失，交互式媒体信息传播的出现，已大大改变了传播者和受众之间传统的关系。人类已经进入真正的信息时代，新媒体、新技术的诞生，使企业运用的商品展示技术、商品展示设计的方式进一步发生变革。

（二）网络商品展示的基本原则

在电子商务平台或各类网站上的商品发布，完全不同于传统销售过程中的商品发布，是开展商品网络销售的前提和基础，在一般的电子商务平台发布商品要遵循以下原则：

（1）网络商品展示首先要遵守消费者网络购物的流程。B2C模式下一般的网络消费者进入电子商务平台，往往先进行商品搜索，在商品列表中选择合适的商品，或者接受商家推荐促销的商品；然后到商品专页详细了解商品信息，分析商品属性，与同类商品进行比较；确定商品后，再把所选的商品放进购物车，确认订单，确定送货地址，选择付款方式，提交订单完成购物行为。所以，网络商品展示要符合消费者网络购物的流程。

（2）商品类目要选择正确。商品类目选择是消费者搜索商品的基础，在发布供应商品时，销售商可以通过输入商品名称等关键词，快速查找并选择正确的产品类目，也可以按照类目结构，逐级选择商品所对应的类目。

（3）商品属性描述要全面、准确。在信息发布过程中，商品属性是非常核心的内容，应该完整、正确地填写商品属性。完整、正确地填写商品属性可以提高信息在搜索时的命中率，大大提高曝光概率，能够让网络消费者在第一时间内全面地了解商品。

（4）商品信息标题要醒目。标题是信息内容的核心浓缩，表述清晰并且包含商品关键信息的标题，能够让网络消费者更容易了解商品，从而吸引买家更多的兴趣，具体有以下要求：

一个信息标题只描述一种商品，多个商品不要放在同一个标题中；商品信息标题包含商品相关的关键字；标题中可以增加和商品相关的描述性词，丰富标题内容，突出商品卖点，如品牌、型号、款式、颜色、材质、功能、特性、促销折扣信息、价格、支付方式等。

（5）商品图片可读性强，能全面描述商品的外观造型和作用。在平台上应发布清晰的商品图片，帮助消费者第一时间直观了解商品的整体信息。发布的商品图片信息会显示在供应商品的搜索结果列表中，也应该展示在该条信息的详情页面上，并且尽量发布多幅商品图片。

（6）须对商品进行详细说明。详细说明承载了整个商品的详细介绍，包括商品整体图、商品细节图，商品性能、材料、参数表、型号、用途，商品的包装、使用说明、售后服务等方面，突出商品的优势和特点。因此，商品的详细说明是消费者进行下单交易决策的重要组成部分之一。根据不同的商品，详细说明可能存在不同的介绍方式及侧重点，特别是小商品、服装、数码产品等，除了详细的商品文字说明，如商品原料、具体参数、适合人群、包装、运费、服务保障等外，需要有多维度的商品细节图，让消费者更全面地了解产品。

（7）支持网上订购的信息，消费者可以在网站上直接下单并通过支付宝进行担保支付。消费者更信任支持网上订购的商家，建议根据商品实际情况，选择"支持在线订购"，填写商品价格区间。

（8）展示高质量的商品。在网络购物环境，高质量的供应商品体现经销商专业、用心的形象，更容易赢得消费者的信任；高质量的供应商品，更易受网络消费者的青睐，吸引买家眼球，提高消费者下单订购的概率；高质量的供应商品，将有更多机会被网站抽取做专题页面的推广或推荐。

(三) 网络商品数字化展示的基本元素

网络虚拟市场上的商品展示无法运用商品实物，需要借助于信息技术手段对商品实物进行数字化描述，从数字化的角度展现商品的属性。常用商品描述的基本元素有文字、图形与图像、数字化音频、数字化视频、动画等。

1. 文字

文字是数字化商品展示的基本形式，文字是传达商品特征、功能、意义、用途等的一种最为原始并且最为重要的表达方式。在网络商品的宣传中，文字主要起到解释说明的作用，例如商品的属性描述、商品的广告促销词，它们是商品展示宣传的核心，其语言简练、内涵丰富、容易识记，给人轻松活泼的感觉，往往只需只言片语就能给人留下深刻的印象，这完全得益于文字的语言形式和意韵深远的内涵。

应用文字描述商品的特征有独特的优势。在网页中，应用最多、内容最广的是文字，文字是在以数字形式传递的网络中体积最小的媒体形式，打开以文字为主的网页，浏览速度相对较快，因此，文字可以以最大的信息含量来描述产品的相关功能和特性。但是，文字描述也有明显的缺陷，一方面，很多商品的属性和特征不是用文字就能描述清楚的，必须借助图片等形式；另一方面，通篇的文字内容，对商品的描述不够直接，且顾客需要用大量的时间来进行阅读，容易产生疲劳情绪。所以，在网络商品展示宣传中，文字的凝练，以及文案的篇幅需要认真控制，做到精练、有效。

2. 图形与图像

用图形与图像描述商品的特征是目前最流行的一种网上商品展示形式。商品的数字化图像将要表达的意图框定在商品某一角度的静止瞬间，由于数字化的图形与图像具有造型的直观性、色彩的真实性、光影的对比性，对顾客来说具有较强的可读性、较高的可视性，容易获得消费者的认同。图形与图像既有艺术的共性，又有商品的个性，更有其视觉传播的特性，并作为一种基本的视觉语言被人们接受，它的诸多特征在网络传播中很具优势。图形与图像传播的是具体商品的信息，是促进网络商品流通和网络商品推广的一种有效方式。基于图形与图像的商品展示实际上是一门与设计艺术和产品销售相关的边缘学科，将图片广告与商业图片加以比较，可以清晰地看到图形图像的视觉传播特性和优势。

图形与图像弥补了文字内容难以全面描述商品的缺陷，可以使消费者直观地对商品进行物象上的认知，美观的图片可以引导消费，使消费者产生消费欲望。但是，在网络环境里，大量的高清晰图片会影响正常的浏览速度，随着图像压缩技术的提高，以及网络带宽的不断放大，这一问题正逐渐得到解决，图形与图像在网络商品展示中的应用将会进一步得到强化，目前常用的图像文件格式有JPEG、PNG、PSD等。

3. 数字化音频

目前，数字化音频在淘宝等电子商务平台中用于商品的展示还比较少，但在很多企业的电子商务门户网站中应该较多，往往与一组图像或视频结合在一起，具有强力的商品属性表现形式，常用在汽车、商品房等大型商品展示中，另外在商品的网络广告中也有较多应用。一组精彩的图像或者一个动感的视频画面，往往是需要声音来进行配合的，声音具有很强的感染力。在网络商品展示中，数字化音频主要应用在旁白解释部分和音效合成部分，旁白部分弥补了单独看文字或图像时需要高度注意力的限制，可以在观看视频的同时去聆听解释文案，促使商家可以从各个角度来全方位地对产品进行推销与宣传。网络上主流的音频格式为MP3、WAV等，这几种音频格式压缩体积小，音质比较理想，但是相对而言音频文件的体积比图片与文字还是稍大的，需要更多的存储空间。

4. 数字化视频

以数字化视频的形式进行商品属性的展示，目前在淘宝等电子商务平台中已经初步呈现，虽然应用不多，但在描述商品的使用流程、使用方法等方面具有无可比拟的优势，因此具有长足的发展空间。数字化视频也是网络中最直观、最真实、最具感染力的一种传播方式，目前主流的网络视频文件格式为FLV、RAM等格式，其中尤以FLV格式最为普遍，它的压缩体积相对较小，清晰度高，利于传播，其还有一个最大的特点就是采用流媒体的形式进行下载播放，以实现边观看边下载的形式来进行展现，这样就适当弥补了其体积过大而非一次性下载才可以播放的问题。但目前来讲，视频文件对服务器要求比较高，网络视频播放时需要占用大量的网络带宽及网络资源，影响浏览的速度。

5. 动画

动画常在商品展示和网店装修中应用，目前有两种形式：一种是Flash动画或Gif动画直接在商品描述中的应用，这种方式比较流行；另一种是以动漫的形式在网店装修中的应用，以表现购物的流程、商品使用流程居多，预计将来动画的应用会得到进一步的推广。商品展示上的动画目前多数为Flash动画。Flash动画是一种具矢量和位图兼容的动画模式，文件容量相对视频文件要低，易于存储和下载，Flash动画与视频一样能进行音频合成，具备优秀的感染力，而且更容易制作各种生动的动态表现形式，符合商品展示与商品广告的表现特征。

第三节　影响消费者网络购买的因素

一、网络消费的需求与购买动机

（一）网络消费需求的特征

根据前面对于网络消费者与网络消费行为的分析，可总结出网络消费需求有以下七个方面的特点。

1. 消费需求个性化

不同的消费者有不同的嗜好，人们在选择商品时考虑的因素更为复杂，不仅要考虑商品的使用价值或性能，而且要选择品牌、外观造型、包装、售后服务，等等。任何一个消费者对商品的这些要素及其组合都有自己的要求。网络作为一种全新的营销工具，能提供即时、互动的服务，满足消费者的个性化需求。

对于不同的网络消费者，因其所处的时代环境不同，也会产生不同的需求，即便在同一需要层次上，他们的需要也会有所不同。因为网络消费者来自世界各地，有不同的国别、民族、信仰和生活习惯，因而会产生明显的需要差异性。所以，从事网络营销的厂商，要想取得成功，就必须在整个生产过程中，从产品的构思、设计、制造，到产品的包装、运输、销售，认真思考这些差异性，并针对不同消费者的特点，采取相应的措施和方法。

2. 消费的主动性增强

在社会化分工日益细化和专业化的趋势下，消费者对消费的风险感随着选择的增多而上升。在许多大额或高档的消费中，消费者往往会主动通过各种可能的渠道获取与商品有关的信息并进行分析和比较。或许这种分析、比较不是很充分和很合理，但消费者能从中得到心理的平衡以减轻风险感或减少购买后产生的后悔感，增加对产品的信任程度和心理上的满足感。消费主动性的增强来源于现代社会不确定性的增加和人类需要心理稳定和平衡的欲望。

3. 消费者直接参与生产和流通的全过程

传统的商业流通渠道由生产者、商业机构和消费者组成，其中商业机构起着重要的作用，生产者不能直接了解市场，消费者也不能直接向生产者表达自己的消费需要。而在网络环境下，消费者能直接参与到生产和流通中来，与生产者直接进行沟通，减少了市场的不确定性。

4. 追求消费过程的便捷性和享受性

在网上购物，除了能够完成实际的购物需求以外，消费者在购买商品的同时，还能得到许多信息，得到在各种传统商店没有的乐趣。今天，人们对现实消费过程的追求出现了两种趋势：一部分工作压力较大、紧张程度高的消费者以方便性购买为目标，他们追求的是时间和劳动成本的尽量节省；而另一部分消费者，是由于劳动生产率的提高，自由支配时间增多，他们希望通过消费来寻找生活的乐趣。今后，这两种相反的消费心理将会在较长的时间内并存。

5. 消费者选择商品的理性化

网络营销系统巨大的信息处理能力，为消费者挑选商品提供了前所未有的选择空间，消费者会利用在网上得到的信息对商品进行反复比较，以决定是否购买。对企事业单位的采购人员来说，可利用预先设计好的计算程序，迅速比较进货价格、运输费用、优惠、折扣、时间效率等综合指标，最终选择有利的进货渠道和途径。

6. 价格是影响消费心理的重要因素

从消费的角度来说，价格不是决定消费者购买的唯一因素，但却是消费者购买商品时肯定要考虑的因素。网上购物之所以具有生命力，重要的原因之一是因为网上销售的商品价格普遍低廉。尽管经营者都倾向于以各种差别化来减弱消费者对价格的敏感度，避免恶性竞争，但价格始终对消费者的心理产生重要的影响。消费者可以通过网络联合起来向厂商讨价还价，产品的定价逐步由企业定价转变为消费者引导定价。

7. 网络消费的层次性

在网络消费的开始阶段，消费者偏重于精神产品的消费；到了网络消费的成熟阶段，等消费者完全掌握了网络消费的规律和操作，并且对网络购物有了一定的信任感后，消费者才会从侧重于精神消费品的购买转向日用消费品及其他消费品的购买。

（二）网络消费者的购买动机

网络消费者的购买动机，是指在网络购买活动中，能使网络消费者产生购买行为的某些内在的动力。我们只有了解消费者的购买动机，才能预测消费者的购买行为，以便采取相应的促销措施。由于网络促销是一种不见面的销售，消费者的购买行为不能直接观察到，因此对网络消费者购买动机的研究，就显得尤为重要。

网络消费者的购买动机基本上可以分为两大类：需要动机和心理动机。

1. 需要动机

网络消费者的需要动机是指由需要引起的购买动机。要研究消费者的购买行为，首先必须要研究网络消费者的需要动机。美国著名的心理学家马斯洛把人的需要划分为五个层次，即生理的需要，安全的需要，社会的需要，尊重的需要和自我实现的需要，这一理论对网络需要层次的分析，具有重要的指导作用。而网络技术的发展，使现在的市场变成了网络虚拟市场，但虚拟社会与现实社会毕竟有很大的差别，所以在虚拟社会中人们希望满足以下三个方面的基本需要。

（1）兴趣需要。兴趣需要即人们出于好奇和能获得成功的满足感而对网络活动产生兴趣。这种兴趣主要来源于两种内在驱动力：一种是探索，人们出于好奇心理探究秘密，驱动自己沿着网络提供的线索不断深入地查询，希望获得更多的信息。另一种内在驱动力是成功，当人们在网络上找到自己需要的资料、软件、游戏时，自然会获得一种成功的满足感。随着这种成功的个人满足感不断加强，人们对网络的接受程度也不断增强。

（2）聚集需要。人类是以聚集而生存的动物，在现代社会，由于人们生活节奏加快，常常没有整块的时间在一起聚集，而通过网络却能够给人提供聚集的机会，这种聚集不受时间和空间的限制，并形成富有意义的人际关系。比如在特定的论坛上，人们可以对共同感兴趣的话题进行交流，并互相传递信息。通过网络而聚集起来的群体是一个极为民主的群体，在这样一个群体中，所有成员都是平等的，每个成员都有独立发表自己意见的权利，使在现实社会中经常处于紧张状态的人们在虚拟社会中寻求到解脱。

（3）交流需要。聚集起来的网民，自然产生一种交流的需要。随着这种信息交流频率的增加，交流的范围也在不断扩大，从而产生示范效应，带动对某些种类的产品和服务有相同兴趣的成员聚集在一起；形成商品信息交易的网络，即网络商品交易市场。这不仅是一个虚拟社会，而且是高一级的虚拟社会。在这个虚拟社会中，参加者大都是有目的的，所谈论的问题集中在商品质量的好坏、价格的高低、库存量的多少、新产品的种类上等。他们所交流的是买卖的信息和经验，以便最大限度地占领市场，降低生产成本，提高劳动生产率。对于这方面信息的需要，人们永远是无止境的，这就是电子商务出现之后迅速发展的根本原因。

2. 心理动机

心理动机是由于人们的认识、感情、意志等心理过程而引起的购买动机。网络消费者购买行为的心理动机主要体现在理智动机、感情动机和惠顾动机三方面。

（1）理智动机。理智动机是建立在人们对于在线商场推销的商品的客观认识基础上的，网络购物者大多是中青年，他们具有较高的分析判断能力。他们的购买动机是在反复比较各个在线商场的商品之后才做出的，对所要购买的商品的特点、性能和使用方法，早已心中有数。理智购买动机具有客观性、周密性和控制性的特点。在理智购买动机驱使下的网络消费购买动机，首先注意的是商品的先进性、科学性和质量高低，其次才注意商品的经济性。这种购买动机的形成，基本上受控于理智，而较少受到外界气氛的影响。

（2）感情动机。感情动机是由于人的情绪和感情所引起的购买动机，这种购买动机还可以分为两种形态，一种是低级形态的感情购买动机，它是由于喜欢、满意、快乐、好奇而引起的，这种购买动机一般具有冲动性、不稳定性的特点。还有一种是高级形态的感情购买动机，它是由于人们的道德感、美感、群体感所引起的，具有稳定性、深刻性的特点。而且，由于在线商场提供异地买卖送货的业务，大大促进了这类购买动机的形成。

（3）惠顾动机。这是基于理智经验和感情之上的，对特定的网站、图标广告、商品产生特殊的信任与偏好而重复地、习惯性地前往访问并购买的一种动机。惠顾动机的形成，经历了人的意志过程。从它的产生来说，或者是由于搜索引擎的便利、图标广告的醒目、站点内容的吸引，或者是由于某一驰名商标具有相当的地位和权威性，或者是因为产品质量在网络消费者心目树立了可靠的信誉，这样，网络消费者在为自己做出购买决策时，心目中首先确立了购买目标，并在购买活动中克服和排除其他的同类水平产品的吸引和干扰，按照事先计划实施购买行动。具有惠顾动机的网络消费者，往往是某一站点的忠实浏览者，他们不仅自己经常光顾这一站点，而且对众多网民也具有较大的宣传和影响作用，甚至在企业的商品或服务一时出现某种过失的时候，也能予以谅解。

二、网络环境下消费者行为的影响因素

所谓消费者行为是指消费者为满足其个人或家庭生活需要而发生的购买商品的决策或行动。消费者的行为是受动机支配的，因此研究消费者的购买行为应先分析消费者的需要和欲望。影响消费者行为的主要因素有以下几个方面。

（一）产品因素

1. 产品特性

网上市场不同于传统市场。根据网上消费者的特征，网上销售的产品，首先要考虑产品的新颖性，因为网上消费者以青年人为主，他们追求商品的时尚和新颖；其次要考虑产品购买的参与程度，对消费者要求参与的程度比较高且要求消费者现场购物体验的产品一般不宜在网上销售，但这类产品可以采用网络营销推广的功能，扩大产品的宣传，辅助传统营销活动。

2. 产品的价格

从消费者的角度讲，价格不是决定消费者购买的唯一因素，但却是消费者在购买商品时肯定要考虑的因素，而且是一个非常重要的因素。当今市场是一个不完全竞争的市场，这个市场最明显的特征就是完全垄断、寡头垄断、垄断竞争和自由竞争并存，决定商品价格的主要是企业，尤其是那些具有垄断性质的大企业。互联网的出现为建立一个完善的市场机制创造了条件，互联网上的信息具有透明性、完全性和平等性等特点，网上营销的价格对于互联网用户而言是完全公开的，价格的制定要受到同行业、同类产品价格的约束，从而制约了企业通过价格来获得高额垄断利润的可能，使消费者的选择权大大提高，交易过程更加直接。现在越来越多的企业或通过电子邮件进行议价或在自己的网站上设立"价格讨论区"，或在网上通过智能化议价系统直接议价或通过其他平台进行竞价、拍卖等。

网络市场与传统营销市场相比，能够减少营销活动中的中间费用和一些额外的信息费用，可以降低产品的成本和销售费用，这正是互联网商业应用的巨大潜力所在。

3. 购物的便捷性

方便快捷的购物方式也是消费者购物时要考虑的因素之一，消费者选择网上购物的便捷性主要体现在以下两个方面：

一是时间上的便捷性。网上虚拟市场全天候提供销售服务，随时准备接待

顾客，而不受任何限制。

二是商品挑选范围的便捷性。消费者可以足不出户就在很大的范围内选择商品，对于个体消费者来说，购物可以"货比多家""精心挑选"；对单位采购进货人员来说，其进货渠道和视野也不会再局限于少数几个定时、定点的订货会议或者几个固定的供应厂家，而是会大范围地选择品质最好、价格最便宜、各方面最实用的产品，这是传统购物方式难以做到的。

4. 安全可靠性

影响消费者进行网络购物的另一个重要因素，就是安全性和可靠性问题。对于现阶段的网络营销来说，很多问题归根结底最重要的还是安全问题。因此，对网上购物的各个环节，都必须加强安全和控制措施，保护消费者购物过程中信息传递的安全，以树立消费者对网站的信心。网络购物与传统营销购物不同，在网上消费一般需要先付款后送货，这种购物方式就更决定了网络购物安全、可靠的重要性。

（二）心理影响因素

消费者的个性心理包括消费者的需要、动机、兴趣、理想、信念、世界观等个性心理倾向以及能力、气质、性格等个性心理特征，这是影响消费者行为的内在因素。消费者在购买决策上受到四种主要的心理因素的影响。

1. 动机

所谓动机，是指推动人进行活动的内部原动力（内在的驱动力），即激励人行动的原因。人只要处于清醒的状态之中，就要从事这样或那样的活动，无论这些活动对主体具有多大的意义和影响，对主体需要的满足具有怎样的吸引力，也无论这些活动是长久的还是短暂的，它们都是由一定的动机引起的。网络消费者的购买动机是指在网络购买活动中，能使网络消费者产生购买行为的某些内在的驱动力。

动机是一种内在的心理状态，不容易被直接观察到或被直接测量出来，但它可根据人们的长期行为表现或自我陈述被了解和归纳。对于企业促销部门来说，通过了解消费者的动机，就能有依据地说明和预测消费者的行为，采取相应的促销手段。而对于网络促销来说，动机研究更为重要，因为网络促销是一种不见面的销售，网络消费者复杂的、多层次的、交织的和多变的购买行为不能直接观察到，只能够通过文字或语言的交流加以想象和体会。

网络消费者的购买动机基本上可以分为两大类：需要动机和心理动机。前者是指人们由于各种需要，包括低级的和高级的需要而引起的购买动机，而后者则是由于人们的认识、感情、意志等心理过程而引起的购买动机。

2. 知觉

知觉是指个人选择、组织和解释外来信息以构成其内心世界景象的一种过程。人们受动机激发以后就会准备行动，但是被激发的人将如何行动则取决于其对情况的知觉。处于相同激发状态和客观情况的两个人，可能因为对情况的知觉不同而产生不同的行为。

3. 学习

学习指个人由于经验而改变其行为，大多数的人类行为是从学习中得来的。人类的学习是通过冲动、刺激、提示、反应和增强等相互作用而产生的。冲动指迫使一个人采取行动的强大内在刺激，它是指某种对象给予一个人的提示诱因和驱动力；提示是较微弱的刺激，它决定个人在何时、何地及如何反应；反应是指个人对刺激所做出的回应行为；增强是指一个人在获得行为结果的正效应后，自身的刺激反应会进一步加深。

4. 信念与态度

信念是指个人对某些事物所持有的想法；态度则是指个人对某些事物或观念所始终持有的评价、情感和行动倾向，通过行动与学习过程人们会形成某些信念和态度，这些观念又将影响他们的购买决策。公司应该尽可能使其符合消费者已有的信念或态度。

（三）收入影响因素

市场营销的经济环境主要是指企业市场营销活动所面临的外部社会经济条件，具体来说，主要是指社会购买力。通常影响购买力水平的因素有以下三个方面。

1. 消费者收入

消费者收入主要是指消费者的实际收入，因为实际收入与名义收入并不是完全一致的，决定其购买的主要因素是实际收入。营销人员应注意实际收入的变动趋势。

2. 消费者支出

消费者支出主要是指支出结构或需要结构的变化对市场营销的影响。消费者支出主要取决于消费者的收入水平，而这种收入水平又具体表现在可支配的个人收入与可随意支配的个人收入两个方面。

3. 居民储蓄及消费信贷

当消费者的收入一定时，储蓄数量越大，现实支出数量就越小，从而影响企业的产品销售量，同时，居民储蓄越多，潜在购买力越强。消费者信贷也是影响购买力的一个重要因素，因为消费者不仅以其货币收入购买所需要的商品，而且可用个人信贷来购买商品。

（四）社会影响因素

社会因素指消费者周围的人对他所产生的影响，其中以参照群体、家庭以及角色地位最为重要。参照群体是影响一个人态度、意见和价值观的所有团体，可分为两类：成员团体——自己身为成员之一的团体，如家庭、同事、同业工会等；理想团体——自己虽非成员，但愿意归属的团体，如知名运动员、影视明星等对消费者行为相当有影响力。参照群体对消费者购买行为的影响，表现在三个方面：

（1）参照群体为消费者展示出新的行为模式和生活方式。

（2）由于消费者有效仿其参照群体的愿望，因而消费者对其事物的看法和对某些事物产生的态度也会受到参照群体的影响。

（3）参照群体促使人们的行为趋于某种"一致化"，从而影响消费者对某些产品和品牌的选择。

社会文化对消费者购买行为也有影响作用，这一点在网络环境下也不例外。人类的社会生活，久而久之，必然会形成某种特定的文化，包括一定的态度和看法、价值观念、道德规范以及世代相传的风俗习惯等。文化是影响人们欲望和行为的一个很重要的因素，企业的最高管理层做出市场营销决策时必须研究这种文化动向。

三、网络消费者购买决策过程

消费者购买行为是指消费者为满足自身需要而发生的购买和使用商品的行为活动。社会生活中，任何个人都必须不断消费各种物质生活资料，以满足其生理及心理需要。因此，购买行为是人类社会中最具普遍性的一种行为活动。网络消费者购买行为是消费者通过网络发生的购买和使用商品的行为活动，它是由一系列环节、要素构成的完整过程，是消费者需要、购买动机、购买行为和购后使用感受的综合与统一。

消费者购买过程中所经历的一般步骤为需求确认——信息收集——比较选择——购买决策——购买后的评估。需要指出的是，并非消费者的任何一次购买过程都会按次序经历这个过程的所有步骤，在有些情况下，消费者可能会跳过或颠倒其中某些阶段，尤其在低度介入产品的购买中更是如此。同时，出于各方面因素的考虑，消费者在购买决策过程的任何阶段都有可能放弃购买，造成购买决策过程的提前终止。但我们还是要用此模式，因为它全面地阐述了参与程度较高的消费者在购买产品时所需的全部思考过程及影响其决策的各种因素。

（一）需求确认

消费者的购买行为过程始于其对某个问题或需求的确认，即消费者意识到某种需要，并且有一种解决问题的冲动，需求确认后才是具体的决策过程。

需求确认是由消费者理想状态与现实状态之间的差距引起的，当消费者对情境的希望与情境的实际之间存在差异时就会产生某种需求。需求确认的诱因也就是引起期望和实际状态之间产生差距的原因。在传统的购物过程中，这些诱因受到外部和内部两方面因素的影响，即在内外部因素的交互刺激下，消费者对市场中出现的某种商品或服务发生兴趣，从而产生购买的欲望。对于网络营销来说，诱发需求的动因只能局限于视觉和听觉——文字的表述、图片的设计、声音的配置等方面。因而，网络营销对消费者的吸引是有一定难度的。网络营销人员必须了解哪些刺激因素可能诱发消费者需求，进而巧妙地设计营销手段去吸引更多的消费者浏览网页，诱导其消费需求的产生。

1. 产品因素

产品因素包含产品的功能、特性、品质、品种和样式等，是满足消费者需要的核心内容，也是影响网络消费者购买决策的首要因素。

（1）突出网上商店的自身特色，吸引网络消费者注意。在传统的店铺购物中，优雅的购物环境及与众不同的店铺特色均有助于激发消费者的购买欲望并促成其形成现场购买。同样，网上商店也需要强化并突出自身特色，为网络消费者提供良好的购物环境。

在新时代的网络购物环境下，在同一时刻，消费者的选择几乎是没有极限的。大量的网站介绍、广告、图片展示作用于消费者的感觉器官，消费者不可能同时反映所有事物，只会选择性地对某些事物产生清晰的反映。那么，消费者会有选择性地注意哪些刺激物呢？有三种情况：第一，是与消费者目前的需要有关的，如近期有购买手机打算的消费者，会直接被与手机相关的产品信息、广告、图片等吸引；第二，是与消费者的兴趣相关的，如对汽车比较感兴趣的消费者，往往会被网站上发布的最新款型的汽车广告所吸引；第三，是变化幅度大于一般的、较为特殊的刺激物，当前的网络用户以年轻人为主，他们喜好新鲜事物，对新颖、时尚、与众不同的事物抱有强烈的好奇心。

因此，网上商店在站点设计、网页制作方面应注意突出自身站点特色，主题鲜明，在结构和背景上体现出自己独特的一面，体现自身的企业文化和经营理念，避免"千网一面"的现象。同时，提供方便的搜索界面，注意信息的丰富、有趣和及时更新，在网页中将文字、图像、动画、音乐等多种元素融合，提供网站导航支持、站点结构图，提供与其他网站的链接、BBS、Chat和娱乐栏目，使消费者将轻松浏览、角色扮演、顺利购买和消遣娱乐融于一体，以充分吸引其注意力，诱发消费需要的产生。

（2）产品个性化、独特化。由于目前网络用户多以年轻、高学历用户为主，他们有自己独立的思想、喜好、见解和想法，对自己的判断能力也比较自负，所以他们对产品的具体要求越来越独特，而且变化多端，个性化越来越明显。

因此，现代企业开展网络营销时，应充分发挥网络的优势，根据消费者的不同特征划分不同的目标市场，满足消费者的个性需要，提供定制化服务，使网络产品集个性、独特、新颖、时尚于一身。例如：海尔在我国率先推出的B2C全球定制模式，可以按照不同国家和地区不同的消费特点，进行个性化的产品生产，提供9000多个基本型号和20 000多个功能模块供消费者选择。

（3）提高产品的显示效果

网络购物的一个难以避免的弊端是消费者无法见到商品实物，只能通过图片来展示商品。因而使用清晰的图片，动态、三维地表现产品是提高产品展示效果、诱导消费需要的一个重要途径。但是，当大量的Flash图片及三维立体模型被添加到网站上去，在切实提高了产品效果及浏览人数的同时，访问速度也将随之下降。因此，网络营销者应对网络前沿科技保持高度敏感与关注，力求在不牺牲访问速度的前提下，不断提高产品的显示效果。

此外，网络营销者对网上商品的文字描述也是影响网络消费者需求的重要因素。网络营销者对自己产品的描述不充分，语言模棱两可，就不能吸引众多的消费者，且容易使消费者对产品的认识产生歧义。但如果对产品的描述过分夸张，甚至带有虚假的成分，则可能永久性地失去顾客。因此，网络购物的商家在进行产品描述时，应尽量做到语言描述充分、准确，减少消费者对产品的误解。

2. 价格因素

从消费者的角度来说，价格不是决定其购买的唯一因素，但却是其购买商品时肯定要考虑的一个非常重要的因素。即使营销人员倾向于以其他营销差别来降低消费者对价格的敏感度，但价格始终是消费者最敏感的因素。

一般说来，消费者对于互联网总是有一个免费的价格心理预期，即使网上商品是要花钱的，那价格也应该比传统渠道的价格要低。一方面，是因为互联网的起步和发展都依托了免费策略，因此互联网的免费策略深入人心，而且免费策略也得到了成功的商业运作。另一方面，互联网作为新兴市场，可以减少传统营销中的中间环节费用和一些额外的信息费用，可以大大削减产品的成本和销售费用，这也为网上商品低价销售提供了可能。

对一般商品来讲，价格与需要量之间经常表现为反比关系，同样的商品，价格越低，销售量越大。网络购物之所以具有生命力，很重要的原因之一是网上销售的商品价格普遍低廉。

针对网络消费者追求物美价廉的这种心理，网络营销者可以采取以下两种方式诱导消费需求的产生。

（1）"特价热卖"栏目。消费者只要进入专栏，就可以轻松获得各个热销产品的信息以及价格，进而通过链接快速进入消费者认为适合的网站，完成购物活动。

（2）折扣策略。折扣策略是在原价基础上进行折扣来定价的，这种定价方式可以让消费者直接了解产品的降价幅度以促使其消费需求的产生。这类价格策略主要用于某些网上商店，它一般按照市面上的流行价格进行折扣定价。如亚马逊书店的图书价格一般都有折扣，而且折扣力度有的达到3—5折。

我们注意到，几乎所有购物网站的商品都标有"市场价"，市场价到底是什么？对于图书类商品，市场价就是封底上标的定价。网站上的每一本书都标有市场价、此网站的优惠价以及各级别的会员价，十分翔实、清楚。与之相比，传统书店对于优惠的说明反而没有这么清楚，书店中偶尔的打折通常是在结算的时候给顾客一个"意外的惊喜"。

但对于非图书类商品，购物网站标出的"市场价"则往往不是很有说服力。如果留意商品详细信息页中其他消费者的评论，就会发现，经常会有网友抱怨一些所谓的市场价远高于商场中的销售价，购物网站上的"市场价"只是个先涨价再打折的把戏。当然，这样的评论通常会在第一时间内被网站的管理人员删除。

其实，在现实中，消费者要想在不同商场中对比一个商品的售价是比较麻烦的，上楼下楼，出门进门，货比三家，十分辛苦。但是，在互联网上想了解一件商品的价格就简单多了，通过搜索引擎进行关键字搜索，用不了5分钟就能掌握此商品的真实售价。即使是要货比三家也是信手拈来，打折骗局在互联网上更容易被戳穿，"虚假市场价"不会像商家想象的那么奏效。因此，如果在线购物网站能对所标出的市场价做进一步的说明，说明"市场价"的由来，那么显然会提高"市场价"的可信度，标注"市场价"也才能真正体现此网站的优惠幅度。

3. 便利因素

购物的便捷性是消费者做出购买选择时首要考虑的因素之一。网络技术的出现使传统营销方式面临着巨大的挑战，直销已成为流行的渠道方式。与传统渠道相比，网上营销在满足消费者需要方面具备以下四个方面的优势：一是方便，顾客无论身处何地都可以24小时订购商品；二是信息，顾客不用离开他们的办公室或家就可以找到有关公司、产品、价格、竞争者等方面的可靠信息；三是顾客可以不必排队等候，从而节省大量的交易等候时间；四是丰富，消费者可以通过网络商店方便快捷地找到自己想要购买而传统商店中不容易找到的产品，从而起到补充传统商店地域不同或产品短缺的弱点。

出于便利的原因，消费者选择网络购物方式常常基于以下两种情况：一种是自己购买，产品直接送到购物者手中。在这部分消费者中，有些希望足不出户，得到送货上门的服务，有些则希望得到本地没有的商品。另一种是为他人购买礼品，需要送到第三方手中。消费者通过网络购物网站的一站式服务直接将礼品送到朋友手上，节约了包装、送达等一系列烦琐的过程。

当然，要突出网上购物方便快捷的优势，网络营销商还必须注意做好以下两方面工作。

（1）物流配送工作。网络营销商应在物流配送方面做好配套工作，及时将消费者订购的产品准确、完好地送到消费者手中。但据调查，随着网络购物的迅速发展，由快递引发的网购投诉量也呈上升趋势。目前，我国现代物流的发展仍然处于初级阶段，专业化程度较低，协调运行能力弱，且缺乏一种对消费者真正负责的态度，物流企业服务质量参差不齐的现象显著，因而极易导致买卖纠纷，对网络营销商的正常经营与运作造成一定程度的影响。

（2）网站访问的便利性。网站访问的便利性是指网络消费者在访问网站时，认为网站简单、直观和界面友好的程度。消费者可以通过网站方便地获取信息以及网站所提供的交易过程的简单化，是诱发消费需要并促使其最终购买的重要前提。

调查结果表明，在离开网站不购买任何产品的消费者中，有30%是因为在浏览过程中找不到路径。因此让消费者方便地找到信息，让信息容易获得和可以识别是网络营销商获得成功的关键。对消费者而言，网站在使用方面的不方便包括以下几种情况：①信息没有按照一定的逻辑顺序排列，消费者无从下手；②信息在网站中藏得太深，导致消费者查找困难；③信息的展示没有使用有意义的形式；④网站提供的信息没有任何价值或意义。

一般认为，便利的网站应提供短暂的反馈时间，加速交易的实现，最小化消费者所需付出的努力，从而促使其消费需要的产生。

4.促销因素

消费者需求具有可诱导性，即可以通过人为的、有意识地给予外部诱因而促使其产生消费需要。网络冲浪者大部分是具有超前意识的年轻人，他们对新事物反应灵敏，接受速度很快。网络为我们构造了一个世界性的虚拟大市场，在这个市场中，最先进的产品和最时髦的商品会以最快的速度与消费者见面。网络营销者应充分发挥自身优势，采用多种促销方法，启发、刺激网络消费者产生新的需求，唤起他们的购买兴趣，诱导其将潜在需求转变为现实需求。

（1）开展灵活多样的促销推广活动。网络营销者利用网络技术向虚拟市场传递有关商品和服务信息，以启发需求，引起消费者购买欲望和购买行为，如：网上赠品促销、网上抽奖促销、积分促销等。一般说来，当购物网站在推出新产品、产品更新、对抗竞争品牌或开辟新市场的情况下，利用这些推广活动，可以达到较好的促销效果，直接诱导网络消费者消费需要的产生。

（2）体验式销售，鼓励消费者试用。截至2020年6月，我国网络购物用户达7.49亿，这些数字背后是巨大的网络购物市场。但与此同时，网络购物的安全与否成为影响网上购物发展的重要因素。中国互联网网络信息中心调查显示，网民不进行网上购物的原因中，交易安全得不到保障是最大的担忧，网络骗购更是为这种担忧增添了一层阴影。

由于在网上消费，消费者一般需要先付款后送货，这种远程、不见面的交易更容易诱发人们的投机心理，也就使消费者产生一种潜在的不信任感。因此，体验营销应运而生。

人们常说，百闻不如一见，但在营销中，无论是"百闻""百见"往往都不如"一用"。消费者通过消费产品和服务而获得的亲身感受最有说服力，最能诱发购买欲望。体验营销就是营销者诱导消费者消费产品和服务，通过消费体验而推动消费者认知，最终促进产品销售的营销手段。通过体验与使用，可增进网络消费者对产品的了解及其对购物网站的信任，并收到促进销售、提升顾客满意度、培养忠诚顾客群体的效果。

（3）关联策略促进销售。关联策略是网络营销者利用商品种类名称之间的相互联系，以推荐相关链接的方式为顾客提供与其密切相关的商品信息，以达到促进顾客购买的目的。

当当和卓越在改版的网站中都添加了智能推荐系统，通过"为您推荐"和"最佳组合"意图提高消费者的单次消费额，可以预见，接下来这种趋势可能从"买过这本书的人也喜欢这本书"延伸到"买这本书的人也喜欢这款香水或这款手机"，产品线丰富的优势将在销售的关联性上面得到体现。

（4）将网络文化与产品广告相融合，借助网络文化的特点来吸引消费者

例如：网络营销商可将自己的产品广告融于网络游戏中，使网络使用者。在潜移默化中接受了促销活动；也可以通过组建用户俱乐部吸引大批的网友来交流意见，借助网络文化传播实现促进销售的效果。

（5）利用网络聊天的功能开展消费者联谊活动或在线产品展销活动和推广活动，这是一种调动消费者情感因素，促进情感消费的方式。在这方面成功的典型是在线书店亚马逊，通过在网站下开设聊天区以吸引读者，其年销售额递增34%，其中有44%是回头客，早在1996年其销售额就突破了1700万美元，充分展示了网上促销的魅力。

（6）有效利用数据库营销。网络营销商可以利用自身所掌握的顾客信息来完成顾客的培养工作。所谓顾客培养，是网络营销商为了在一段时间延伸顾客购买的广度和深度所提供的相关信息和诱因。正如贝格尔所说，网络营销商需要通过积极提供顾客所需要的信息，邀请他的顾客再回来。比较常用的做法是，网络营销商通过电子邮件等方式给顾客提供有用的商品信息，主动争取顾客，劝诱他们购买，这样的做法相对直接而且成本低廉。

例如，亚马逊会根据顾客过去的购买记录为其提供相关的新产品信息。当有一些折扣针对的产品与顾客过去所购买的产品相关时，在线商店会通过电子邮件通知给顾客。这种不断提供诱因的循环使顾客不断得到有价值的新产品信息，有效降低顾客的搜索时间，促使其消费需求的产生。

此外，网络营销商还可以与非竞争性的厂商进行线上促销联盟，通过相互线上资料库联网，增加与潜在消费者接触的机会，这样一方面不会使本企业产品受到冲击，另一方面又拓宽了产品的消费层面。

建立一个自动程序，在一些人浏览一天后发出电子邮件。你可以针对不同的参观者发出不同的电子邮件（例如，对新参观者和再次参观者的邮件就

可以稍微不同），并测试不同的促销方法（例如，是给个折扣，还是提供免费运输）。

如果有1000个人浏览了你的网站，而980个人没有购买就离开了，这是一个让他们返回的好方法。

总之，网络销售的特殊性导致其在吸引消费者购买方面存在一定的难度。网络营销人员必须充分了解上述刺激因素，设计更为有效的营销手段去吸引更多的消费者浏览网页，诱导其消费需求的产生。

（二）信息收集

当需求被唤起后，每一个消费者都希望自己的需求能得到满足，所以，收集信息了解行情成为消费者购买决策过程的第二个环节。这个环节的作用就是收集商品的有关资料，寻找购买目标，为下一步的比较选择奠定基础。在这个阶段，消费者会通过各种途径寻找有关商品的信息，以避免决策失误或减少购买风险。

一般说来，在传统的购买行为中，消费者收集信息大多处于比较被动的状态，所收集信息的范围、质量也存在一定的局限性。在网络购买过程中，商品信息的收集则主要是通过互联网进行的，信息收集带有较大的主动性，所收集的信息无论是质量还是数量都远远超过传统购买方式。一方面，网络消费者可以根据已经了解的信息，通过互联网跟踪查询；另一方面，网络消费者又不断在网上浏览，寻找新的购买机会。

1. 个人渠道

个人渠道是指通过家庭成员、亲戚、朋友、邻居或同事等获得的信息，这种信息在某种情况下对购买者的购买决策起着决定性的作用，网络营销者绝不可忽视这一渠道的作用。一件好的商品，一次成功的销售可能带来若干新的顾客；一件劣质产品，一次失败的销售可能使销售商几个月甚至几年不得翻身。

2. 商业渠道

商业渠道是指通过广告、推销员、经销商、展销会等获得的信息。网络营销的信息传递主要依靠网络广告和检索系统中的产品介绍，包括在信息服务商网页上所做的广告，中间商检索系统上的条目以及自己主页上的广告和产品介绍。

3. 公共渠道

公共渠道是指消费者通过大众传播媒体获得的信息。网络实际上就是最好的传播媒体，网络营销者可以通过网络论坛、邮件列表、Email等网络传播工具提升自己产品和服务的社会声誉，最大限度地获得消费者的认同。

消费者上网收集信息，是想全面了解与产品有关的各种信息，所以网络营销者在设计提供产品信息时应遵循的标准是：当消费者看到这些产品信息后就不需要再通过其他方式来了解产品信息。因此，对于一些复杂产品，特别是一些高新技术产品，营销商在详细介绍产品信息的同时，还需要介绍一些与产品有关的知识，以帮助顾客更好地使用产品。

4. 经验来源

经验来源是指消费者个人所储存、保留的市场信息，包括购买商品的实际经验、对市场的观察以及个人购买活动的记忆等。从事网络营销的企业应当通过独特的网站设计、良好的营销服务、网上营销工具的恰当运用，使网上购买者对自己的网络购物留下一个美好的印象，对本企业的网站产生特殊的偏好，从而经常光顾本企业的网站。

一般说来，在传统的购买过程中，消费者对于信息的收集大都是被动进行。与传统购买时信息的收集不同，网络购买的信息收集带有较大主动性。在网络购买过程中，商品信息的收集主要是通过互联网进行的，一方面，网络消费者可以根据已经了解的信息，通过互联网跟踪查询；另一方面，网络消费者又不断在网上浏览，寻找新的购买机会。由于消费层次的不同，网络消费者大都具有敏锐的购买意识，始终领导着消费潮流。

当然，不是所有的购买决策活动都要求同样程度的信息和信息搜寻。根据消费者对信息需要的范围和对需要信息收集的努力程度的不同，可分为以下三种模式。

（1）广泛问题的解决模式。处于这个层次的消费者，尚未建立评判特定商品或特定品牌的标准，也不存在对特定商品或品牌的购买倾向，而是很广泛地收集某种商品的信息，可能是因为好奇、消遣或其他原因而关注自己感兴趣的商品。这个过程收集的信息会为以后的购买决策提供经验。

（2）有限问题的解决模式。处于有限问题解决模式的消费者，已建立了对特定商品的评判标准，但尚未建立对特定品牌的倾向。这时，消费者有针对性地收集信息，这个层次的信息收集，才能真正而直接地影响消费者的购买决策。

（3）常规问题的解决模式。在这种模式中，消费者对将来购买的商品或品牌已有足够的经验和特定的购买倾向，其购买决策需要的信息较少。

（三）比较选择

消费者需要的满足是有条件的，这个条件就是实际支付能力。没有实际支付能力的购买欲望只是一种空中楼阁，不可能导致实际购买行为的发生。消费者为了使消费需求与自己的购买能力相匹配，就要在广泛收集信息的基础上，对各种渠道汇集而来的信息进行比较、分析、研究，形成若干备选方案，再根据自己的购物标准、个性心理，及产品的功能、可靠性、性能、模式、价格和售后服务，从中选择一种自认为"足够好"或"满意"的产品。由于评价选择的标准会因消费者价值观念的不同而不同，所以，对同一方案，不同的消费者会做出不同的评价，其取舍的结果也迥然不同。

消费者对多种同类商品的比较和评价，实质上是多种同类商品之间的直接较量，是商品争夺消费者的竞争。

值得注意的是，网络消费者在比较选择是否购买某种商品时，一般会综合考虑以下三个条件：

第一，对网络营销商有信任感。

第二，对网络营销商提供的支付方案有安全感。

第三，对产品有好感。

因此，为了促使消费者购买行为的实现，网络营销商除了要重点抓好产品宣传与推广方面的工作外，还需要在营销商自身的品牌宣传方面下功夫。

在目前的互联网上，网站之间的相互抄袭、模仿已屡见不鲜。任何好的创意一旦出现在网站上，就毫无秘密可言，后来者完全可以在最短的时间内复制其创意，在这种情况下，竞争就自然而然地集中在品牌上。可以说，网站之间的竞争已经跨过了资金实力、信息丰富程度、交互程度等竞争阶段，而进入到品牌竞争的时期，竞争的焦点已日益集中在客户服务的质量、营销环节处理的好坏、广告宣传和网站知名度、信誉度、美誉度，形象的树立等。从国内网站的个案研究中可以发现，大量的网络交易是产生在回头客身上的，在这样的购买活动中，品牌的力量起着举足轻重的作用。

（四）购买决策

决策是指为了达到某一预定目标，在两种以上的备选方案中选择最优方案的过程。购买决策则是消费者作为决策主体，为实现满足需要这一特定目标，在购买过程中进行的评价、选择、判断、决定等一系列活动。

网络消费者在完成对商品的比较选择之后，便进入到购买决策阶段。网络购买决策是指网络消费者在其购买动机的支配下，从两件或两件以上的商品中选择一件满意商品的过程。

1. 网络消费者的购买决策特点

与传统的购买方式相比，网络购买者在做出购买决策时主要呈现出三个方面的特点。

（1）网络购买者理智动机所占比重较大，而感情动机的比重较小。网络消费者大多是中青年，具有较高的分析判断能力，他们的购买决策是建立在充分掌握商品信息的基础上并加以反复评估比较后得出的，对所要购买的商品的特点、性能和使用方法，早已心中有数，以理智购买动机为主。

（2）网络购物受外界影响较小。大部分的购买决策是网络消费者自行做出的或是与家人商量后做出的，较少受到外界环境的影响。

（3）网上购物的决策行为与传统购买决策相比速度更快、效率更高。传统的购买决策，尤其是较为复杂的购买决策，常常会受到多方面因素的影响，同时由于信息收集数量及范围的局限性，消费者在做出决策时往往会持审慎态度，犹豫不决，举棋不定。而网上购物的消费者由于占有大量的参考信息，无形中会加快其购买决策的速度。

2. 网络消费者制定购买决策的原则

网络消费者在实际决策过程中可能采用的决策原则主要有以下五种：

（1）预期满意原则。网络消费者在进行购买决策之前，已经预先形成对某商品价格、质量、款式等方面的心理预期。因此，在对备选方案进行比较选择时，可以直接将备选商品与个人心理预期进行比较，备选商品越接近心理预期就越容易被消费者所接受，最后从中选择与预期标准吻合度最高的备选方案作为最终决策方案，这一方案相对于预先期望，能使消费者满意程度最大。运用预期满意原则，可大大缩小消费者的选择范围，迅速、准确地发现拟选方案，进一步加快决策进程，突显网络购买行为的快速与便捷。

（2）多因素关联的决策原则。这一原则是消费者为商品的各种属性规定了一个最低可接受水平，只有当所有的属性都达到预先规定的水平时，该商品才可以被消费者接受，而对于没有达到这一可接受水平的其他商品都不予考虑。运用这一原则，就排除了某些不必要的信息干扰，缩小了消费者处理信息的规模。但是，这种决策所导致的可接受的商品可能不止一个，因此，消费者还需借助另外的方法做进一步的筛选工作。

（3）单因素分离原则。这种方法实质上是多因素关联原则的对立面，这种决策原则是消费者只用一个单一的评估标准来选择商品，做出最终决策。也就是说，消费者以一种属性（当然是对消费者而言最重要的一个属性，比如说价格）去评价所有可能的备选方案，并从中选择出评价结果最优者作为最终决策方案。

（4）排除法的决策原则。排除法的核心在于逐步排除以减少备选方案，采用这种方法时，消费者首先排除那些不具备所规定的评估标准的最低可接受水平的商品；其次，如果所有备选方案都具有某一评估标准的最低限度要求，那么这一标准也要去掉，因为这种无差别的衡量对选择过程没有用处。总之，这种方法就是不断地以不同的标准去加以衡量，再不断地排除下去，直到剩下最终决策方案为止。最后这个方案所具有的独一无二的特征被称为"独特优势"或"关键属性"。

（5）词典编辑原则。这种方法类似于编辑词典时所用的词条排序法，即消费者首先将产品的一些属性按照自己认为的重要程度，从高到低排出顺序，然后再按顺序依次选择最优方案。也就是说，消费者根据排序中第一重要的属性对所有备选方案进行比较，如果在这种比较过程中出现了两个以上的方案，那么消费者还必须根据第二重要的属性甚至第三重要的属性、第四重要的属性等进行比较，直到剩下两个最终方案为止。

（五）购后评价

消费者购买及使用所购商品后，会根据自己的感受进行评价，以验证购买决策正确与否。一般说来，评价结果存在两种情况：假如所购商品能够在约定的时间范围内及时送到，且完全符合自己的意愿，甚至比预期的还要好，消费者不仅自己会重复购买，还会积极地向他人宣传推荐；相反，假如所购商品不符合其愿望，效用很差或遭遇网络欺诈，投诉无门，消费者不仅自己不会再购买，还会通过各种渠道发泄其不满情绪，并竭力阻止他人购买。可见，购后评价常常作为一种经验，反馈到购买活动的初始阶段，对消费者以后的购买行为产生影响。

商界中流传一句话，"满意的顾客就是我们最好的广告"。在这里，"满意"的标准是产品的价格、质量和服务与消费者预期的符合程度。产品的价格、质量和服务与消费者的预期相匹配，则消费者会感到心理的满足，否则，就会产生失落心理。购后评价是消费者发泄内心不满的渠道，同时也为厂商改进工作提供了大量的第一手资料。

对网络营销商而言，满意顾客的价值有两方面：一方面，伴随着交易次数的增长，顾客的花费会成倍增加；另一方面，除了购买数量及金额的不断提高外，满意顾客还会经常推荐新顾客进来，这是网络营销商提高利润的重要渠道之一。

第五章　营销因素与消费者行为

本章的主要内容为营销因素与消费者行为，我们主要介绍了四个方面的内容，分别是4P营销策略与4C营销策略、产品策略与消费者行为、网络营销与消费者行为和广告媒体与消费行为。

第一节　4P营销策略与4C营销策略

一、4P营销策略

1967年，菲利普·科特勒在其畅销书《营销管理：分析、规划与控制》第一版中进一步确认了以4P为核心的营销组合方法，即产品（product）、价格（price）、渠道（place）、促销（promotion）。

产品：注重开发的功能，要求产品有独特的卖点，把产品的功能诉求放在第一位。

价格：根据不同的市场定位制定不同的价格策略，产品的定价依据是企业的品牌战略，注重品牌的含金量。

渠道：企业并不直接面对消费者，而是注重经销商的培育和销售网络的建立，企业与消费者的联系是通过分销商来进行的。

促销：企业注重用销售行为的改变来刺激消费者，以短期的行为（如让利、买一送一营销现场气氛等）促成消费的增长，吸引其他品牌的消费者或诱发提前消费来促进销售增长。

4P营销策略的提出奠定了市场营销的基础理论框架，该理论以单个企业为分析单位认为影响企业营销活动效果的因素有两种。

一种是企业不能够控制的，如社会/人口、技术、经济、环境/自然、政治、法律、道德、地理因素等环境因素，称为企业不可控因素，这也是企业所面临的外部环境。

另一种是企业可以控制的，如产品、价格、分销、促销等营销因素，称为企业可控因素。企业营销活动的实质是一个利用内部可控因素适应外部环境的过程，即通过对产品、价格、分销、促销的计划和实施，对外部不可控因素作出积极动态的反应，从而促成交易和满足个人与组织的目标，用科特勒的话说就是"如果公司生产出适当的产品，定出适当的价格，利用适当的分销渠道，并辅之以适当的促销活动，那么该公司就会获得成功"。所以市场营销活动的核心就在于制订有效的市场营销计划并实施。

二、4C营销策略

4C营销理论，是1990年由美国营销专家劳特朋教授在《广告时代》上提出的。4C理论以消费者需求为导向，设定了市场营销组合的四个基本要素，即客户（customer）、成本（cost）、便利（convenience）和沟通（communication）。它强调企业首先应该把追求客户满意放在第一位，其次是努力降低客户的购买成本，然后要充分注意到客户在购买过程中的便利性，而不是从企业的角度出发决定销售渠道策略，最后还应以消费者为中心实施有效的营销沟通。

三、4P与4C的关系

电子商务对消费的影响是革命性的，如今网购已经成为人们生活的一部分，企业如何在传统营销模式的基础上适应电子商务的新形势，进行营销创新，对企业来说是一个新的思考和挑战。有人认为在新时期的营销活动中，应当用4C取代4P，但许多学者仍然认为，4C的提出只是进一步明确了企业营销策略的基本前提和指导思想。

万变不离其宗，4P和4C存在着实质上的关联。即"customer"是指用"客户"取代"产品"，要先从客户需求的角度思考如何设计和研发产品；"cost"是指用"成本"取代"价格"，从客户成本的角度考虑如何制定最合理的价格，而客户需求本身对于产品价格也有着直接的影响；"convenience"是指用"便利"取代"地点"，意味着制定分销策略时要尽可能让客户方便；"communication"是指用"沟通"取代"促销"，从如何实现与客户的沟通的角度思考促销和推广的方式。

从操作层面上讲，仍然必须通过4P为代表的营销活动来具体运作，即4C是营销理念和标准，4P是营销的策略和手段，4C提出的营销理念和标准最终还是要通过4P由策略和手段实现，4P仍然是目前为止对营销策略组合最为简洁明了的诠释。

第二节　产品策略与消费者行为

一、产品生命周期

（一）产品生命周期的含义与特点

产品生命周期是指产品从投放市场开始，到它失去竞争力在市场上被淘汰为止的整个运行过程。产品生命周期一般分为四个阶段：导入期、成长期、成熟期、衰退期。产品生命周期与消费者心理，就是研究各个阶段的产品具有各种不同的特点，以及这些特点对消费者心理产生影响的规律，同时，研究新产品在消费者中扩散的规律等。

1. 导入期

导入期是产品刚投入市场的试销阶段。在这一时期，由于产品刚刚由设计到制成销售，它在各方面还可能存在一定的缺陷。

2. 成长期

新产品被开发后投放市场，经过导入期的各种营销努力，产品终于站稳了脚跟，并以迅速发展、迅速扩大市场占有率的态势进入产品生命周期的第二阶段。

3. 成熟期

成熟期是产品生命周期中的"鼎盛"时期，指产品的销售达到了顶峰，然后进入销量增加缓慢甚至停滞的时期。在成熟期，产品各方面基本完善，消费者对产品予以肯定的评价，使消费者对新产品的需求猛增，表现在消费行为上，就是对新产品的蜂拥购买。

4. 衰退期

产品的衰退期，是指它在市场上失去竞争能力、陈旧老化、市场销售量下降，并出现被淘汰趋势的时期。消费者对待新产品的态度存在着个体差异，有些人在产品投入市场的导入期就很快接受，另一些人则需要很长时间，进入成熟期才能决定是否接受，还有些人更慢，可能是到了成熟期，甚至是衰退期才购进产品。

（二）产品生命周期消费者心理与产品设计

产品一旦投入市场，便是产品生命周期的导入期，导入期的消费行为特点是购买人数极少，仅占消费者的较少部分。导入期产品设计策略主要强调以下两点：一是针对导入期消费行为规律，产品的设计应把握一个"新"字，因此导入期的产品设计就有全新型产品、革新型产品、改进型产品和部分改进型产品等；二是导入期产品广告宣传的重点在于介绍新产品的新意所在，以及使用要点等。

成长期消费者消费心理主要体现在趋优心理、选择心理、求廉心理等。成长期产品设计策略主要强调以下几个方面：一是针对成长期的消费规律和行为，设计人员应当清楚，首先要巩固新产品的优越性，提高质量，保证信誉，以满足消费者的趋优心理；二是改进工艺，降低成本，降低价格，以满足消费者的求廉心理；三是加强新产品的宣传攻势，促使新产品扩散速度加快，销售量不断增加。

成熟期消费者的消费心理和相应行为表现主要有对产品要求更多、选择性更多、追求性价比等。成熟期产品设计策略：一是针对成熟期消费者的行为规律，产品设计的重点是尽可能开发产品的新功能，在质量上更加精益求精，并设法改进产品的特色和款式，为消费者提供新的利益；二是增加产品的服务项目，以良好的售后服务来提升产品的形象；三是在产品广告设计中改变形式，采用对比性广告，更多地向消费大众介绍本产品的独创性、优越性。产品进入衰退期，在消费者心理上产生了特定的影响，这个影响最典型的就是期待心理。消费者的期待心理主要表现在：期待变化的心理、期待降价处理的心理。

衰退期产品在市场上失去竞争力，绝大多数消费者不愿意买它。衰退期产品设计策略：一是积极开发新产品，满足革新者求新、求胜的心理需求，缩短产品生命周期；二是通过降低产品价格，满足消费大众和守旧者的求廉心理，尽快走出衰退期的低谷。

二、产品组合决策

（一）制定产品组合决策的方法

针对产品组合的宽度、长度、深度和关联性，为企业确定产品战略提供了依据。企业可以采用4种方法发展业务组合。

1. 增加组合宽度

增加产品组合的宽度，扩大企业的业务范围，实行多样化经营，分散企业投资风险。

2. 增加组合长度

增加产品组合的长度，使产品线丰满充裕，成为更全面的产品线公司。

3. 增强组合深度

增强产品组合的深度，占领同类产品的更多细分市场，满足更广泛的市场需求，扩大总的销售量。

4. 增强组合一致性

增强产品组合的一致性，使企业在某一特定的市场领域内加强竞争，赢得良好的声誉。因此，产品组合决策就是企业根据市场需求、竞争形势和企业自身能力对产品组合的宽度、长度、深度和相关性方面做出的决策。

（二）具体的产品组合决策

1. 产品线延伸决策

每一企业的产品线一般都会定位于该行业整个范围的某个部分。如果企业超出现有范围来增加它的产品线的长度，即产品线延伸，企业可以向下延伸、向上延伸，或双向延伸。

（1）向下延伸。向下延伸是指在原有的产品线下面增加低档产品项目。例如，精工和西铁城的手表最初定位在高价市场，随后则在低档市场推出了手表产品，精工在亚洲市场推出了阿尔巴牌手表，在美国推出了帕萨牌手表；而西铁城则推出了艾得克牌。实行这一决策需要具备以下市场条件：利用高档名牌产品的声誉，吸引购买力水平较低的顾客慕名购买此产品线中的廉价产品；高档产品销售增长缓慢，企业的资源设备没有得到充分利用，为赢得更多的顾客，将产品线向下伸展；企业最初进入高档产品市场的目的是建立品牌信誉，然后再进入中、低档市场，以扩大市场占有率和销售增长率，补充企业的产品线空白。但是，实行这种策略也有一定的风险，如果处理不慎，会影响企业原有产品特别是名牌产品的市场形象。因此，必须辅之以一套相应的营销组合策略，但这样可能会大大增加企业的营销费用开支。

（2）向上延伸。在市场上定位于低档产品的企业可能会打算进入高档产品市场，他们也许被高档产品较高的增长率和较高的利润率所吸引，或是为了能有机会把自己定位成完整的产品线的制造商。在原有的产品线内增加高档产品项目，采用这一策略也要承担一定的风险，要改变产品在顾客心目中的地位是相当困难的，处理不慎，还会影响原有产品的市场声誉，并且企业原有的销售代理商和经销商可能没有能力经营高档产品。

（3）双向延伸。双向延伸是指原定位于中档产品市场的企业掌握了市场优势以后，向产品线的上、下两个方向延伸，一方面增加高档产品，另一方面增加低档产品，扩大市场阵地。成功的双向延伸战略可使企业成为某类产品市场的领导力量。例如，得克萨斯仪器公司以中等价格和中等质量推出了第一批计数器，然后它逐渐在低端上增加机型，从玻玛公司夺取了市场份额；它又推出了一种价格低于惠普公司的计数器，控制了高档市场，双向延伸战略使得克萨斯仪器公司很快占据了袖珍计数器市场的领导地位。

2. 产品线填补决策

产品线填补决策是在现有产品线的范围内增加一些产品项目，以强化产品线的策略。采取该策略主要基于以下考虑：通过扩大经营增加利润；满足消费者的差异化需求；防止竞争对手乘虚而入；利用过剩的生产能力等。但进行这一决策时应注意合理调配企业的各种资源，防止企业新旧产品之间的过度竞争；要根据实际存在的差异需求来增加产品项目，使消费者能明显感觉到其产品线内各个产品项目之间的差异；必须使新的产品项目有足够的销量；在决定发展某种产品项目时，一定要考虑此种产品的市场需求状况，而不能仅仅是为满足企业内部产品定位的需要。

3. 产品线现代化决策

在某些情况下，产品线长度是适当的，但是产品线的生产方式已经落后，并且影响了企业生产和市场营销效率。这种情况下，就必须实施产品线现代化决策，对现有产品线的技术进行更新或改造。这一策略强调把现代化科学技术应用到生产过程中去。

当企业决定实施产品线现代化决策时，有两种方式可供选择：一是逐步实现；二是以最快速度用全新设备更换原有的产品线。选择逐步实现的方式可以节省资金，但也容易被竞争者发现和模仿，而快速实现产品线现代化决策，需在较短的时间内投入大量的资金，但可以快速产生市场效果，并对竞争者形成威胁。

4.产品线特色决策

产品经理经常在产品线中选择一个或少数几个产品项目进行特别号召。有时，企业以产品线上低档产品型号进行特别号召，使之充当开拓销路的廉价品，吸引顾客购买；有时企业以产品线上高档产品型号进行特别号召，以提高产品线的等级。如人头马推出的路易十三的价格比正常的XO要高10倍，此种产品起到了"旗帜"或"王冠上的珠宝"的作用，提高了整条产品线的地位。

5.产品线削减决策

较长、较宽的产品组合会在市场繁荣时为企业带来更多的盈利机会，但在市场不景气或原料、能源供应紧张时，或者产品线中有大量积压的存货时，企业可以考虑缩减产品线，把更多的资源投入利润率较高的产品线上，以增加产品的获利能力。有时产品线延长的压力较大，如生产能力过剩促使产品经理开发新的产品项目；经销商和销售人员为适应顾客的需要，要求增加产品项目；产品经理为了扩大销售和提高利润增加产品项目等，在这种情况下产品线有不断延长的趋势。但是，随着产品线的加长，营销费用也随之增加，这样会相应减少利润，在这种情况下，需要对产品线的发展进行相应的遏制，剔除那些得不偿失的产品项目，使产品线缩短，以提高获利水平。

三、产品定价策略与消费行为

（一）以利润为定价目标

利润是企业从事经营活动的主要目标，也是企业生存和发展的源泉，在市场营销中不少企业就直接以获取利润作为定价目标。

1.以获取投资收益为定价目标

企业之所以投资于某项经营活动，是期望在一定时期内收回投资并获得一定数量的利润。所谓投资收益定价目标，是指企业以获取投资收益为定价基点，加上总成本和合理的利润作为产品销售价格的一种定价目标。

2.以获取最大利润为定价目标

获取最大利润是市场经济中企业从事经营活动的最高愿望，但获取最大利润不一定就是给单位产品制定最高的价格，有时单位产品的低价，也可通过扩大市场占有率，争取规模经济效益，使企业在一定时期内获得最大的利润。

3. 以获取合理利润为定价目标

这种定价目标是指企业在激烈的市场竞争压力下，为了保全自己，减少风险，以及限于力量不足，只能在补偿正常情况下的社会平均成本的基础上，加上适度利润作为商品价格，称为合理利润定价目标。

（二）以市场占有率为定价目标

这种定价目标是指企业希望获得某种水平的销售量或市场占有率而确定的目标。提高市场占有率，维持一定的销售额，是企业得以生存的基础。市场占有率是企业经营状况和企业产品在市场上的竞争能力的直接反映，对于企业的生存和发展具有重要意义。所以，有时企业把保持或扩大市场占有率看得非常重要。

（三）以应对市场竞争为定价目标

这种定价目标是指企业主要着眼于在竞争激烈的市场上以应付或避免竞争为导向的定价目标。在市场竞争中，大多数竞争对手对价格很敏感，在定价以前，一般要广泛搜集信息，把自己产品的质量、特点和成本与竞争者的产品进行比较，然后制定本企业的产品价格。如我国通信行业的运营商移动和联通公司，不仅很多产品功能相似，而且价格也非常接近。

（四）以产品质量为定价目标

这种定价目标是指企业要在市场上树立产品质量领先地位的目标，而在价格上做出的反应。优质优价是一般的市场供求法则，研究和开发优质产品必然要支付较高的成本，自然要求以高的价格得到回报。从完善的市场体系看，高价格的商品自然代表着或反映着商品的质量及其相关的服务质量，采取这一目标的企业必须提供高质量的产品以及优质的服务。

（五）以维持企业生存为定价目标

当企业遇到生产能力过剩或激烈的市场竞争，或者要改变消费者的需求时，它要把维持生存作为自己的主要目标。为了保持工厂继续开工，使存货减少，企业必然要制定一个低的价格，并希望市场是价格敏感型的。生存比利润更重要，不稳定的企业一般都求助于大规模的价格折扣，为的是能保持企业的活力。对于这类企业来讲，只要它们的价格能够弥补变动成本和一部分固定成本，即单价大于单位变动成本，它们就能够维持住企业。

（六）以保持分销渠道为定价目标

对于那些须经中间商推销的企业来说，保持分销渠道畅通无阻，是保证企业获得良好经营效果的重要条件之一。为了使分销渠道畅通，企业必须研究价格对中间商的影响，充分考虑中间商的利益，保证中间商有合理的利润，促使中间商有充分的积极性去推销商品。

四、价格调整与消费者行为

（一）一般反应

消费者面临商品价格变动时的一般反应表现为当价格变动在价格阈限内，消费者心理处于承受范围之内，反应不大；当价格变动超出价格阈限，消费者的一般反应是价格下降多购买，价格上涨少购买。

（二）消费者对调高商品价格的心理反应

企业往往会认为，价格的提高对消费者而言是不利的，会减少消费者的需求，抑制其购买欲望，但在现实生活中，消费者往往会作出与之相反的各种行为反应，他们会有以下心理活动。

1. 储备心理

认为商品很畅销，现在不买就快买不到了，甚至会出现囤积某些商品的心理。

2. 早购心理

表现在若商品涨价，则说明其热门，有流行的趋势，应尽早购买。

3. 商品涨价

可能是因其具有特殊的使用价值，或优越的性能。

4. 商品已经涨价

可能还会继续上涨，将来购买更贵。例如，在预期房价还会上涨的情况下，消费者就会买涨，买到就能赚到。

此外，消费者对企业调整价格的原因和目的有着不同的理解，于是作出的心理反应也各不相同。若消费者认为价格的上涨是由原材料价格上涨导致的，他们会对这种调整表示理解；反之，若把价格的上涨归结于企业欲提高产品利润，则他们的抵触反应比较强烈。

（三）消费者对调低商品价格的心理反应

大多数企业认为，调低商品价格有利于消费者，可以让其花更少的钱买到同样的商品，从而激发消费者的购买欲望，促使其大量购买商品。然而实际情况并非如此，常常是商品的价格降低，购买的人反而更少。这主要是由于面对价格的降低，消费者常表现出以下心理和行为反应。

（1）"便宜——便宜货——质量不好"等一系列联想，引起消费者心中的不安，因此会使消费者产生对商品品质和性能的怀疑。

（2）购买便宜货有损消费者的社会形象或身份、地位。

（3）消费者会认为新商品可能即将问世，所以商家才会降价抛售旧商品。

（4）可能是过时商品，其式样和款式等不流行了；或是过期商品，残次品或低档品，需要降价销售以减少库存。

（5）消费者有买涨不买跌的心理，认为商品既然已经开始降价了，可能还会继续降价，于是选择持币待购，以期购买到更便宜的商品。

（6）降价商品肯定是质量下降了，消费者拒绝购买。

（四）降价策略

1. 降价的条件

（1）企业的生产能力过剩，这时企业库存积压严重，需要扩大业务，但是企业又不能通过产品改良和加强促销等手段扩大销售，就必须考虑通过降价提高销售量。

（2）在强大的竞争压力下，企业的市场占有率下降，迫使其降低商品价格来维持和扩大市场份额。

（3）企业为了控制市场，通过降低成本来降价。企业通过销售量的扩大进一步降低成本，从而降低价格。

（4）市场需求不振。在宏观经济不景气的形势下，价格下降是许多企业借以渡过经济难关的重要手段。

（5）根据产品寿命周期阶段的变化进行调整。相对于导入期时较高的价格，在进入成长期后期和成熟期后，市场竞争不断加剧，可以通过下调价格来吸引更多的消费者。

2. 降价的方式

因产品所处的地位、环境以及引起降价的原因的不同，企业选择降价的方式也会各不相同，具体来说有以下两种。

（1）直接降价，即直接降低产品价格。如汽车销售中常采取直接降价。

（2）间接降价，即企业通过赠送礼品、增加容量、增大折扣、送货上门、免费安装调试或者延长保修时间等手段，在保持名义价格不变的前提下变相降低产品的实际价格。例如购买红米K20系列手机赠送价值99.9元的无线耳机，相当于是变相降价99.9元。

（五）涨价策略

1. 主动涨价策略的实施原因

（1）由于产品成本增加，妨碍了企业合理利润的获得，只能通过涨价转嫁负担，这是企业调高产品价格的最主要原因。

（2）由于产品供不应求，企业必须通过提价来抑制部分需求，以缓解市场压力。

（3）改革产品。企业通过改进产品的质量、性能、结构提高市场竞争力。

（4）竞争策略的需要。以产品的高价位显示其高品位。

2. 涨价的方式

企业采用主动涨价策略时，一般有两种方式可供选择。

（1）直接调高，即直接提高产品价格。例如：2019年非洲猪瘟导致的猪肉大萧条刚过，猪肉价格就来了一个绝地反击，从12元/千克疯涨到40元/千克，厦门甚至出现了100元/千克的天价猪肉。

（2）间接调高，即企业采取一定方法使产品价格表面保持不变但实际隐性上升，例如缩小产品的尺寸和分量；使用便宜的代用原料；减少价格折扣等。一般来说，降价容易涨价难，调高产品价格往往会遭到消费者的反对。因此，在使用涨价策略时必须慎重，尤其应掌握好涨价幅度和涨价时机，并注意与消费者及时进行沟通。

第三节　网络营销与消费者行为

一、网络营销的含义

我国学者冯英健在《网络营销基础与实践》一书中指出："网络营销是企业整体营销战略的一个组成部分，是为实现企业总体经营目标所进行的，以互联网为基本手段营造网上经营环境的各种活动。"据此定义，网络营销的核心思想就是"营造网上经营环境"。网上经营环境是指企业内部和外部与开展网上经营活动相关的环境，包括网站本身、顾客、网络服务商、合作伙伴、供应商、销售商、相关行业的网络环境等，网络营销的开展过程就是与这些环境建立关系的过程。

网上经营环境的营造主要通过建立一个以营销为主要目的的网站，并以此为基础，通过一些具体策略对网站进行推广，从而建立并扩大与其他网站之间以及与用户之间的关系。其主要目的是使企业提升品牌形象、增进顾客关系、改善对顾客的服务、开拓网上销售渠道并最终扩大销售。

根据网络营销的定义，可以有以下几方面理解。

（一）网络营销是手段而不是目的

网络营销具有明确的目的和手段，但网络营销本身不是目的，网络营销是营造网上经营环境的过程，也就是综合利用各种网络营销方法、工具、条件并协调其间的相互关系，从而更加有效地实现企业营销目的的手段。

（二）网络营销不是孤立的

网络营销是企业整体营销战略的一个组成部分，网络营销活动不可能脱离一般营销环境而独立存在，在很多情况下网络营销理论是传统营销理论在互联网环境中的应用和发展。由此也确立了网络营销在企业营销战略中的地位，无论网络营销处于主导地位还是辅助地位，它都是互联网时代市场营销中必不可少的内容。

（三）网络营销不等同于网上销售

网上销售是网络营销发展到一定阶段产生的结果，网络营销是为实现产品销售目的而进行的一项基本活动，但网络营销本身并不等于网上销售。可以从三个方面来说明：一是网络营销的效果表现在多个方面。例如，提升企业品牌价值、加强与客户之间的沟通、拓展对外信息发布的渠道、改善对顾客的服务等。二是网站的推广手段通常不仅仅靠网络营销，往往还要采取许多传统的方式，如在传统媒体上做广告、召开新闻发布会、印发宣传册等。三是网络营销的目的并不仅仅是促进网上销售，很多情况下，网络营销活动不一定能实现网上直接销售的目的，但是可能促进网下销售的增加，并且增加顾客的忠诚度。

（四）网络营销不等同于电子商务

网络营销和电子商务是一对紧密相关又具有明显区别的概念，许多人的认识还存在一定的误区。网络营销是企业整体营销战略的一个组成部分，无论传统企业还是互联网企业都需要网络营销，但网络营销本身并不是一个完整的商业交易过程，而只是促进商业交易的一种手段。电子商务主要是指交易方式的电子化，可以将电子商务简单地理解为电子交易，电子商务强调的是交易行为和方式。所以，可以说网络营销是电子商务的基础，开展电子商务离不开网络营销，但网络营销并不等同于电子商务。

（五）网络营销不等同于"虚拟营销"

网络营销不是独立于现实世界的"虚拟营销"，尽管一些文章中喜欢这样描述网络营销，其实网络营销只不过是传统营销的一种扩展，即向互联网上的延伸，所有的网络营销活动都是实实在在的。网络营销的手段也不局限于网上，而是注重网上网下的结合，网上营销与网下营销并不是相互独立的，而是一个相辅相成、互相促进的营销体系。

二、网络营销形成的条件

伴随互联网技术的迅猛发展，网络经济也渗透到了生活的各个方面，网络营销如何在传统市场营销中产生并发展，可以从技术基础、观念基础、现实基础三方面进行分析。

（一）现代技术发展

互联网起源于20世纪60年代，经过30年的发展，到了20世纪90年代互联网进入高速发展时期，并开始向全世界普及，如今已被数以亿计的人日常使用。互联网的全球关联性能够实现网上资源的共享和网络信息的共享，对互联网技术的应用使企业的营销环境有了根本性改变，也改变了商业运作的模式。所以，企业进行网络营销活动从技术上讲是可行的，对互联网技术的应用正是企业开展网络营销活动的技术基础。

（二）商业竞争的日益激烈化

现代社会市场经济的繁荣发展也导致了商业竞争的日趋激烈，在营销活动越来越复杂的信息化时代，各商家都使出浑身解数来吸引消费者，以便在市场竞争中占据优势地位。但是，一些传统的营销手段很难再达到出奇制胜的效果吸引消费者，并借此在竞争上取得胜利。

（三）消费者价值观的改变

在市场经济中，顾客就是上帝，满足消费者以及社会的需求是市场营销的核心。随着时代的发展，市场也由卖方市场转变为买方市场，消费者面临着更加丰富的商品和服务，也使其消费观发生了改变。主要表现在以下三个方面：

1. 个性消费的回归

市场经济高度发展带来了可供选择的商品和服务的日益丰富，消费者能够以个人心理愿望作为基础自主选择商品和服务，并且越来越多的消费者有了个性化定制的需求，希望能够得到独一无二、量身定制的商品和服务。

2. 主动性增强

商品和服务的多样化，消费者购买的风险感随着商品购买选择的增多而上升。通过自主购物，尽量多方面多渠道获取商品信息，再经过多方比较，可以产生安稳和平衡的心理感受。此外，现代社会的快节奏生活方式使消费者需要新的快速方便的购物方式来满足自身需求，网络购物的"闭门家中坐，货从网上来"恰好能满足此类消费者的需求。

3. 对价格高度敏感

网络营销能满足价格重视型消费者的需求，利用互联网和全世界的供应商和零售商取得直接联系，以最优惠的价格实现购买。总之，网络营销的产生和发展是在特定条件下多种因素综合作用的结果。

三、网络营销的特征

互联网所创造的营销环境使网络营销的活动范围和方式变得更加灵活。区别于传统的营销模式，网络营销有着自身鲜明的特征。

（一）跨越时空

国际互联网可以全天24小时提供不间断的营销服务，这使网络营销超越了时间、空间、地域、国别的限制。企业通过网络可以随时面对全球市场传递企业相关信息，直接开展营销活动，相比较传统营销方式而言，能有更多的时间和更大的空间进行营销。而从客户的角度来说，通过网络可以实时快捷地查询和浏览到所需的各种产品及服务信息，并将自己的反馈与企业进行沟通。

（二）交互式沟通

无论是"4P"还是"4C"，其营销思想中都一直暗含着消费者与企业全程沟通的思想，即企业在产品设计阶段就与消费者进行充分的沟通，从而充分考虑消费者的需求和意愿设计产品。但由于当时技术条件的限制，消费者和厂商缺乏实时沟通的有效手段，在实际操作中往往难以做到全程沟通，消费者一般只能在产品出现后提出批评和建议，而对产品的策划、构思和设计过程难以参与。

（三）个性化

个性化是网络营销的突出特点。企业可以把目标消费者从群演变到人，并针对其个性化需要，提供相关的产品和服务。个性化的营销方式使顾客有了极大的选择自由，使网络营销直接面对消费者，实施个性化行销（一对一营销）。这种个性化的特点使商家在给顾客提供个性化服务的同时，也与顾客建立了良好的关系。它所具备的一对一营销能力，完美符合了定制营销与直复营销的未来趋势。

（四）整合性

网络营销可以实现信息收集、下订单、收款交货和售后服务的一条龙服务，也就是说，它同时兼具了传统营销方式中渠道、促销、电子交易、互动交流、市场信息分析等多种功能。因此，互联网是具备整合性的强大营销工具。这种整合性的营销方式正好适应了现代社会快节奏的生活方式，节省了消费者的时间和精力。企业可以借助网络将不同的营销传播进行统一设计规划和协调实施，向消费者传达统一的资讯和信息，从而避免不同传播方式所导致的信息失真现象。

（五）高效性

互联网的特性决定了它的信息数量、传播速度和精确度远超过其他媒体，并能根据当前市场状况及时更新产品和价格，以极高的效率带给消费者更好的消费体验。以IT专业网站中关村在线的手机板块为例，它实时地观察手机产品的价格变化，并以最快的速度更新到相关页面，从而给消费者以最高效的消费指导。

（六）经济性

互联网利用电子信号进行信息交换，代替了以前的实物交换，从而提高了经济效益。一方面可以降低印刷与邮递成本，减免房屋店面租金，节约水电与人工成本；另一方面可以减少多次交换带来的损耗，减少企业产品数量。在传统的经营方式下，库存不仅会带来巨大的资金压力，也会提高经营风险，而在信息化技术普及之后，网络的便利性使"零库存"成为可能，即企业按需进货，按需供货。

（七）高成长性

我国的网络使用者多为年轻且高学历的人员，由于这部分群体在现在和将来的社会中都具有较强的购买力和社会影响力，因此，针对这一目标消费者群体，网络营销能取得其他营销方式所无法取得的效果。现阶段的网络营销方式还比较单一，面对如此庞大的消费群体，对他们进行细分，进而有针对性地进行营销，应该说是网络营销下一步要做的事情，极大的市场容量也意味着它具有极高的成长性。

四、网络营销的作用

网络营销可以在八个方面发挥作用：网络品牌、网址推广、信息发布、销售促进、销售渠道、顾客服务、顾客关系、网上调研。这八种作用也就是网络营销的八大职能，网络营销策略的制定和各种网络营销手段的实施也以发挥这些职能为目的。

（一）网络品牌

网络营销的重要任务之一就是在互联网上建立并推广企业的品牌，知名企业的网下品牌可以在网上得到延伸，一般企业则可以通过互联网快速树立品牌形象，并提升企业整体形象。网络品牌建设是以企业网站建设为基础，通过一系列的推广措施，达到顾客和公众对企业认知和认可的目的。从一定程度上说，网络品牌的价值甚至高于通过网络获得的直接收益。

（二）网址推广

网址推广是网络营销最基本的职能之一，相对于其他功能来说，网址推广更为迫切和重要，网站所有功能的发挥都要以一定的访问量为基础，所以，网址推广是网络营销的核心工作。

（三）信息发布

网站是一种信息载体，通过网站发布信息是网络营销的主要方法之一，同时，信息发布也是网络营销的基本职能，所以也可以这样理解，无论哪种网络营销方式，结果都是将一定的信息传递给目标人群，包括顾客/潜在顾客、媒体、合作伙伴、竞争者等。

（四）销售促进

营销的基本目的是为增加销售提供帮助，网络营销也不例外，大部分网络营销方法都与直接或间接促进销售有关，但促进销售并不限于促进网上销售，事实上，网络营销在很多情况下对于促进网下销售十分有价值。

（五）销售渠道

一个具备网上交易功能的企业网站本身就是一个网上交易场所，网上销售是企业销售渠道在网上的延伸，网上销售渠道建设也不限于网站本身，还包括建立在综合电子商务平台上的网上商店，以及与其他电子商务网站不同形式的合作等。

（六）顾客服务

互联网提供了更加方便的在线顾客服务手段，从形式最简单的FAQ（常见问题解答），到邮件列表，以及BBS、聊天室等各种即时信息服务，顾客服务质量对于网络营销效果具有重要影响。

（七）顾客关系

良好的顾客关系是网络营销取得成效的必要条件，通过网站的交互性、顾客参与等方式在开展顾客服务的同时，也增进了顾客关系。

（八）网上调研

通过在线调查表或者电子邮件等方式，可以完成网上市场调研，相对传统市场调研，网上调研具有高效率、低成本的特点。因此，网上调研成为网络营销的主要职能之一。

开展网络营销的意义就在于充分发挥各种职能，让网上经营的整体效益最大化。因此，不能仅仅由于某些方面效果欠佳就否认网络营销的作用是不合适的。网络营销的职能是通过各种网络营销方法来实现的，网络营销的各个职能之间并非相互独立的，同一个职能可能需要多种网络营销方法的共同作用，而同一种网络营销方法也可能适用于多个网络营销职能。

五、网络营销的方法

网络营销职能的实现需要通过一种或多种网络营销手段，常用的网络营销方法除了搜索引擎注册之外还有：网络广告、交换链接、信息发布、邮件列表、许可Email营销、个性化营销、会员制营销、病毒性营销等。下面简要介绍十种常用的网络营销方法及一般效果。

（一）搜索引擎注册与排名

这是最经典、也是最常用的网络营销方法之一。现在，虽然搜索引擎的效果已经不像几年前那样有效，但调查表明，搜索引擎仍然是人们发现新网站的基本方法。因此，在主要的搜索引擎上注册并获得最理想的排名，是在网站设计过程中就要考虑的问题之一，网站正式发布后尽快提交到主要的搜索引擎，是网络营销的基本任务。

（二）交换链接

交换链接或称互惠链接，是具有一定互补优势的网站之间的简单合作形式，即分别在自己的网站上放置对方网站的LOGO或网站名称并设置对方网站的超级链接，使用户可以从合作网站中发现自己的网站，达到互相推广的目的。交换链接的作用主要表现在几个方面：获得访问量、增加用户浏览时的印象、在搜索引擎排名中增加优势、通过合作网站的推荐增加访问者的可信度等。更重要的是，交换链接的意义已经超出了是否可以增加访问量，比直接效果更重要的在于业内的认知和认可。

（三）病毒性营销

病毒性营销并非真的以传播病毒的方式开展营销，而是通过用户的口碑宣传网络，信息像病毒一样传播和扩散，利用快速复制的方式传向数以千计、数以百万计的受众。病毒性营销的经典范例是Hotmail.com，现在几乎所有的免费电子邮件提供商都采取类似的推广方法。

（四）网络广告

几乎所有的网络营销活动都与品牌形象有关，在所有与品牌推广有关的网络营销手段中，网络广告的作用最为直接。标准条幅广告曾经是网上广告的主流（虽然不是唯一形式），进入2001年之后，网络广告领域发起了一场轰轰烈烈的创新运动，新的广告形式不断出现，新型广告由于克服了标准条幅广告条承载信息量有限、交互性差等弱点，获得了相对比较高的点击率。有研究表明，网络广告的点击率并不能完全代表其效果，网络广告对那些浏览而没有点击广告的、占浏览者总数99%以上的访问者同样产生作用。

（五）信息发布

信息发布既是网络营销的基本职能，又是一种实用的操作手段，通过互联网，不仅可以浏览到大量商业信息，同时还可以自己发布信息。最重要的是将有价值的信息及时发布在自己的网站上，以充分发挥网站的功能，比如新产品信息、优惠促销信息等。

（六）许可Email营销

基于用户许可的Email营销比传统的推广方式或未经许可的Email营销具有明显的优势，比如可以减少广告对用户的滋扰、增加潜在客户定位的准确度、增强与客户的关系、提高品牌忠诚度等。开展Email营销的前提是拥有潜在用户的Email地址，这些地址可以是企业从用户、潜在用户资料中自行收集整理的，也可以利用第三方的潜在用户资源。

（七）邮件列表

邮件列表实际上也是一种Email营销形式，邮件列表也是基于用户许可的原则，用户自愿加入、自由退出，稍微不同的是，Email营销直接向用户发送促销信息，而邮件列表是通过为用户提供有价值的信息，在邮件内容中加入适量促销信息，从而实现营销的目的。

（八）个性化营销

个性化营销的主要内容包括：用户定制自己感兴趣的信息内容；选择自己喜欢的网页设计形式；根据自己的需要设置信息的接收方式和接受时间等。个性化服务在改善顾客关系、培养顾客忠诚度以及增加网上销售方面具有明显的效果，据研究，为了获得某些个性化服务，在个人信息可以得到保护的情况下，用户才愿意提供有限的个人信息，这正是开展个性化营销的前提保证。

（九）网络会员制营销

网络会员制营销已经被证实为电子商务网站的有效营销手段，国外许多网上零售型网站都实施了会员制计划，几乎已经覆盖了所有行业，国内的会员制营销还处在发展初期，不过已有部分电子商务企业对此表现出浓厚的兴趣和旺盛的发展势头（如京东商城）。

（十）网上商店

建立在第三方提供的电子商务平台上、由商家自行经营网上商店，如同在大型商场中租用场地开设商家的专卖店一样，是一种比较简单的电子商务形式。网上商店除了具有通过网络直接销售产品这一基本功能之外，还是一种有效的网络营销手段。

第四节　广告媒体与消费行为

一、报纸广告

报纸是最为古老的广告媒体，然而它的影响力和普及性却是其他广告媒体难以达到的。目前，报纸是使用最普遍的广告媒体。报纸广告是一种印刷广告，它以简明、精炼的文字和图案传递商品的信息，具有其独特的心理特征。

（一）消息性

报纸的基本功能即刊登消息，报纸广告也是如此。尤其是新产品研制成功和面市的消息，通过报纸的介绍与宣传往往可以大大促进其销售。从介绍新产品的全面性、时效性来看，报纸广告是推出新产品的捷径，同时由于报纸具有

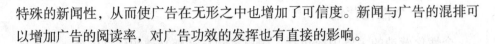

特殊的新闻性，从而使广告在无形之中也增加了可信度。新闻与广告的混排可以增加广告的阅读率，对广告功效的发挥也有直接的影响。

（二）准确性

报纸广告向来以传播及时、准确著称。它能用相对较快的速度把广告信息准确地传递给消费者，并且可以反复地、连续地传播，给消费者留下深刻的印象。由于报纸广告以文字或图案表达，明确无误，相对于电视和广播广告，更具确定性，不容易被曲解。

（三）信赖性

由于报纸的历史及其特殊的性质，大多数报纸在人们心中具有较高的权威性和信誉度，因此一些严肃而公正的报纸传递的广告信息往往为消费者所重视。

（四）保存性

报纸有保存原形的特性，便于消费者反复阅读，且不受时间的限制。所以报纸广告对商品的描述可以较为详尽细致，利于商品在消费者心中整体形象的树立。

（五）经济性

报纸本身售价低，有利于广告的传播。同时，由于报纸发行量大，广告制作成本较低，因此其广告费用相对较为低廉。另外，费用根据版面大小和刊登日期长短不同而不同，广告主可以灵活采用。

但是，由于纸质和印刷工艺方面的原因，报纸广告不能充分反映商品的色彩和款式，因此影响了消费者对商品信息的充分接纳。另外，因为报纸的内容较为庞杂，普通广告在报纸上并不显眼，消费者的注意力也易被分散，从而影响广告的效果。

二、杂志广告

杂志广告也是一种印刷广告，同样是通过视觉作用于消费者。我国杂志种类繁多，发行量相当大，且大多数杂志都将兼营广告业务作为重要收入来源，因此，杂志也是我国主要广告媒体之一，它的特征如下。

（一）针对性强

杂志类别众多，综合性杂志的阅读面宽，而专业性杂志的针对性强。相对于报纸媒体来说，杂志的读者面虽然不如报纸的读者面宽泛，但是定向性强，是各类专用商品广告的主要媒体。它可以针对特定消费者的兴趣爱好、性格气质、教育水平等进行有效的广告宣传。例如，体育用品广告很多都刊登在专业体育杂志上，而一些相对大众化的商品则选择综合性杂志刊登广告。

（二）保存期相对较长

杂志的时效性较强，且内容丰富，能够吸引消费者的长期注意，被反复阅读或传阅。优秀的杂志往往具有收藏价值，因此杂志广告的稳定性强，影响作用时间长，有利于深化和扩大广告宣传的效果。

（三）宣传效率高

杂志广告一般来说印刷精美、色彩艳丽、形象生动、制作别致，可采用多种广告表现手法展示商品的品牌、特点，在吸引消费者注意方面具有一定优势。此外，杂志广告往往采用专页刊登广告，因此既可以详尽地介绍商品或服务的性能特征，又显眼夺目。据日本杂志广告协会进行的杂志广告对读者影响情况的调查发现：杂志容易适应广告目标，可针对不同消费需要做广告宣传；能够利用杂志信誉增强广告信誉；容易接触高学历阶层和舆论家；从杂志的周转阅读率看，每一册杂志与消费者接触率高；另外，杂志广告说服力强、视觉表达力强；杂志读者经济收入高等。

但是杂志也有其局限性，它在传播范围和出版时间方面受到的限制较大，成本也较高，因此杂志无法满足消费者快速、及时接受商品信息的要求，使一些需要迅速传递信息、时间性强的商品难以以杂志为广告媒体。

三、广播广告

广播是以无线电波为载体的大众传播媒体，它时时处处存在，是传播范围最广、速度最快的媒体之一。由于广播特殊的性质，广播广告具有独特的心理特征。

（一）传播迅速及时

广播可以在短时间内把广告信息传递到千家万户。

（二）作用空间大

广播广告的作用空间广阔，几乎无所不及。由于广播电台的传播网络遍及全国城乡各地，使广播广告几乎可以深入社会的每一个角落，影响到很多消费者。在当前的社会环境下，广播广告作用的广泛性是其他任何广告媒体都无法比拟的。

（三）具有一定的针对性

广播各个波段的不同专题节目，相对来说都有稳定的听众。因此，广播广告的付费者和策划者可以根据特定听众群体的兴趣、需要、文化程度、年龄等心理特征，有针对性地进行广告宣传，从而达到预期效果。

（四）灵活性

用声音语言来传递广告信息，无论在时间、空间上都有较大灵活性。可以采用单播、对答、配乐以及情节处理等多种表现形式，有利于增强广告效果。

广播广告的缺点也很突出，由于以声音为载体，广告传递的信息往往转瞬即逝。另外，由于缺少视觉形象，因而留给消费者的印象比较模糊，而且如果消费者事先不加以注意，往往不能在短时间内完全抓住广告的要旨。

四、电视广告

通过电视播放广告，可以把视觉、听觉刺激结合起来，因而表现力最强，容易引起消费者的注意与兴趣。现代电视广告以其独特的功能，集视、听、色、形、音于一体，具有强大的感染力和宣传魅力，已成为广告宣传的主要媒体，同时也是最受消费者欢迎的广告传播形式之一。电视广告具有如下心理特征。

（一）传播范围广泛

随着电视机的全面普及，各类电视节目制作的不断完善以及电视广告水平的大幅提高，电视广告的收视率越来越高。黄金时段的电视广告收视人次甚至上亿。

（二）表现力强

电视广告的表现手法灵活多样，丰富多彩。它可以综合运用一切可以利用的艺术手段，生动形象地传递所要展示商品的造型、色彩、功用等，使消费者得到直观形象的认识，从而在其脑海中留下深刻的印象。

（三）重复性高

电视广告可以反复播放，对消费者起着潜移默化的诱导作用，不断强化着消费者的印象，使消费者主动接受或是被动影响。

（四）作用力大

精美的电视广告具有极强的感染力，从传播效果来说，电视广告明显优于其他广告媒体。但是电视广告也同样有随电波消失而消逝的缺点，如不重复播放，往往不易给消费者留下印象。然而重复过多的广告则"过犹不及"，甚至引起消费者的反感。另外，电视广告要求有特定的时间和地点，还需要有特定的相关设备（例如有线电视网），在使用条件上有一定限制。让很多广告付费者更为敏感的是，电视广告的费用在所有媒体中是最昂贵的。

五、网络广告

信息产业的发展极大地改变着人们的生活，同时也对传统的广告媒体产生深远的影响。随着信息产业的高速发展，以互联网为传播媒介的网络广告已成为当今欧、美发达国家最热门的广告形式。目前我国广告公司和客商也开始涉足网络广告的新空间。这使广告公司与营销厂商都面临着改变营销传播方法及选取广告媒体的压力和机遇。

就目前国内实际应用而言，网络广告一般有以下四种形式。

第一种，在国际互联网上注册独立域名，建立公司主页向公众发布信息。

第二种，在一些访问率高的热门站点（诸如知名搜索引擎、免费电子邮箱、个人主页、综合资讯娱乐服务网站等）上宣传产品信息与公司形象。如果广告主本身有主页，还可以在热门站点上做横幅广告及链接，当然，登录各大搜索引擎方便顾客搜寻信息是必不可少的。

第三种，在访客多的BBS（电子公告板）上发布广告信息，或开设专门的信区研讨解决有关问题，传播新信息等。

第四种，以电子杂志等形式，定期通过电子邮件以极低廉的成本发送信息到目标消费者那里。

作为一种新生的广告媒体，网络广告具有以下心理特征。

（一）传播范围的广泛性

网络广告的传播范围广泛，可以通过国际互联网络把广告信息全天候、24

小时不间断地传播到世界各地。有数据显示：截至2020年年底我国网民规模达9.89亿，手机网民规模达9.86亿。这些网民是网络广告的受众，他们可以在任何地方的互联网上随时随意浏览广告信息，这种效果是传统媒体无法达到的。

（二）信息传递的非强迫性

众所周知，报纸广告、杂志广告、电视广告、广播广告等都具有强迫性，都是要千方百计吸引消费者的注意，强行将信息灌输到他们的头脑中。而网络广告则属于按需广告，具有报纸分类广告的性质却不需要消费者彻底浏览，它可让消费者自由查询，将他们要找的资讯集中呈现出来，这样就节省了消费者的时间。

（三）受众数量可统计性

利用传统媒体做广告，很难准确知道有多少人接收到广告信息。而在互联网上，可通过权威公正的访客流量系统精确地统计出每个广告被多少个用户看过，以及这些用户查阅的时间分布和地域分布，从而有助于客商正确评估广告效果，审定广告投放策略。

（四）信息传播的交互性与感官性

网络广告的载体基本上是多媒体、超文本格式文件，只要受众对某样产品感兴趣，仅需轻按鼠标就能进一步了解更为详细、生动的信息，从而使消费者能亲身"体验"产品、服务与品牌。网络广告还可利用虚拟技术等，让消费者如身临其境般感受商品或服务，并在网上预订、交易与结算，从而大大增强网络广告的实效。

（五）灵活的实时性

在传统媒体上做广告，发版后很难更改，即使可改动往往也要付出很大的经济代价。而在互联网上做广告能按照需要及时变更广告内容，包括改正错误。这样，经营决策的变化也能及时实施和推广。

可以看到，网络的受众广泛虽然是其主要优点，然而却不利于那些有特定消费群体、针对性强的商品信息的有效传递。并且，由于对互联网的广告效果和市场调研缺乏足够的认识，对广告暴露度和定价也缺乏统一的测定标准，因此，网络广告的发展受到了限制。虽然互联网蕴含着巨大的商机，但许多未知因素，例如定向成本昂贵、网络速度的不稳定、点击率的偶然性、创意及表现形式的局限性等，在一定程度上阻碍了广告主对在线广告活动的大量投入。

随着互联网的进一步发展和网络普及率的提高，传统媒体的广告价值将会在很大程度上朝互联网转移，其中很大一部分将以网络广告的形式表现出来，但这只是一个趋势，目前还有很多障碍拖延这一趋势的发展。只有打破互联网"泡沫经济"，使互联网商业价值真正上升到相当程度，在线广告才可能彻底摆脱现有的困境，实现超越传统广告业的目的。

参 考 文 献

[1]林德荣，郭晓琳．旅游消费者行为[M]．重庆：重庆大学出版社，2019．

[2]费璇，陈林．消费心理学[M]．南京：南京大学出版社，2018．

[3]郭燕．消费者跨渠道购买行为形成机制研究[M]．南京：南京大学出版社，2018．

[4]费明胜，杨伊侬．消费者行为学[M]．北京：人民邮电出版社，2017．

[5]秦勇，陈爽，张黎，等．网络营销：理论、工具与方法[M]．北京：人民邮电出版社，2017．

[6]李志国．电子商务纠纷案例精解大全[M]．北京：人民邮电出版社，2016．

[7]胡斌，黄继梅，邵敏，等．电子商务概论[M]．北京：人民邮电出版社，2015．

[8]杨水清．消费者渠道扩展与选择行为研究[M]．北京：人民邮电出版社，2015．

[9]李光明，雷祺，陈晓燕．网络营销[M]．北京：人民邮电出版社，2014．

[10]费明胜，杨伊侬，徐宁，等．消费者行为学[M]．北京：人民邮电出版社，2013．

[11]王璐．论网络经济时代市场营销策略的转变[J]．商业经济，2021（7）：65-66．

[12]李心如，张翠英．电商直播中消费者的消费心理分析[J]．商展经济，2021（13）：52-54．

[13]刘维．论网络不正当竞争一般条款的价值取向[J]．交大法学，2021（03）：25-38．

[14]郑爽爽．浅论电子商务平台经营者安全保障义务的法律适用[J]．中国商论，2021（13）：40-42．

[15]韩箫亦. 电商主播属性对消费者在线行为意向的作用机理研究[D]. 长春：吉林大学，2020.

[16]柴宇曦. 跨境电子商务风险形成机理与防范研究[D]. 杭州：浙江大学，2020.

[17]魏锋. 电子商务环境下O2O供应链渠道选择策略研究[D]. 成都：电子科技大学，2020.

[18]严磊. 电子商务中消费者行为影响下的定向广告策略研究[D]. 南京：东南大学，2019.

[19]董绍增. 基于消费者行为的产品设计、评论返现和定价策略研究[D]. 北京：对外经济贸易大学，2019.

[20]曾贺奇. 考虑消费者策略行为的替代品跨期定价研究[D]. 南京：东南大学，2018.

[21]田晨. 消费者行为视角下的渠道管理：计算实验[D]. 南京：南京大学，2018.

[22]贺妍艳. 考虑消费者质量认知行为的O2O决策研究[D]. 合肥：中国科学技术大学，2017.

[23]汪宁宁. 考虑消费者行为和市场扰动的策略定价研究[D]. 合肥：中国科学技术大学，2017.

[24]晏芳. 在线评论对消费者行为意向的影响研究[D]. 北京：中国农业大学，2015.

[25]张菊芝. 考虑消费者行为的定价和契约问题研究[D]. 合肥：中国科学技术大学，2015.

[26]赵凌云. 面向服务的消费者行为分析及推荐模型研究[D]. 济南：山东师范大学，2014.